2022 最美巾帼奋斗者

本书编写组

学习出版社

图书在版编目（CIP）数据

2022最美巾帼奋斗者 / 本书编写组. -- 北京：学习出版社，2023.10

ISBN 978-7-5147-1185-1

Ⅰ. ①2… Ⅱ. ①本… Ⅲ. ①女性－先进事迹－中国－现代 Ⅳ. ①K828.5

中国版本图书馆CIP数据核字(2022)第207864号

2022最美巾帼奋斗者

2022 ZUIMEI JINGUO FENDOUZHE

本书编写组

责任编辑：李　琳　朱仕娣
技术编辑：胡　啸

出版发行：学习出版社
北京市崇外大街11号新成文化大厦B座11层（100062）
010-66063020　010-66061634　010-66061646
网　　址：http://www.xuexiph.cn
经　　销：新华书店
印　　刷：北京盛通印刷股份有限公司

开　　本：710毫米×1000毫米　1/16
印　　张：16
字　　数：179千字
版次印次：2023年10月第1版　2023年10月第1次印刷

书　　号：ISBN 978-7-5147-1185-1
定　　价：51.00元

前　言

为深入学习贯彻习近平新时代中国特色社会主义思想，认真落实习近平总书记关于妇女和妇女工作的重要论述精神，团结动员广大妇女奋进新征程、建功新时代，在三八国际劳动妇女节来临之际，中共中央宣传部、全国妇联向全社会宣传发布了2022年“最美巾帼奋斗者”先进事迹。

布茹玛汗·毛勒朵、李桓英、尹建敏、关欣、胡海岚、卢宇彤、路生梅、杨宁、甘公荣、吴蓉瑾10位全国三八红旗手标兵光荣入选2022年“最美巾帼奋斗者”。她们深入践行习近平新时代中国特色社会主义思想，对党忠诚、信念坚定、求真务实，立足平凡岗位，取得了不平凡的业绩。她们有的50余年如一日巡边护边守卫国家领土，有的长期奔波在边远山区护佑人民健康，有的在高水平科技前沿阵地勇攀高峰，有的在乡村振兴中积极作为，有的传承优良家风赓续红色血脉，有的坚守三尺讲台潜心立德树人……她们都以实际行动践行初心使命，用“干一行爱一行”的执着，成就“钻一行精一行”的精彩，充分展现了新时代中国妇女在党的领导下，开拓进取、勇毅前行的昂扬风貌。

目 录

Contents

路生梅

杨　宁

甘公荣

吴蓉瑾

视频 · 链接

谱写璀璨的奋斗篇章

——走近 2022 年“最美巾帼奋斗者”

◎杨　昊

近日，中宣部、全国妇联评选出 10 名“最美巾帼奋斗者”。她们是当代中国女性的先进代表，向社会传递了爱党报国、信念坚定的政治品格，展现了自尊、自信、自立、自强的巾帼风采，在新时代的广阔舞台上绽放芳华，谱写了璀璨的奋斗篇章。

助力乡村振兴：“把学会的知识为祖国和人民服务”

杨宁是广西壮族自治区柳州市融水苗族自治县安陲乡江门村党总支书记、村委会主任。2010 年，她大学毕业后毅然选择回到家乡江门村，带领乡亲们努力拔穷根：创新“稻 + 鸭 + 鱼”共作模式种植紫黑香糯，带动村里年收入 300 多万元；联手大学生村官成立“苗村馆”电商服务中心，帮助村民销售特色农产品 900 多万元；出资建设扶贫加工车间，创建“苗阿嫂”“苗阿公”品牌，村里产业覆盖率达 100%。2020 年，江门村实现 94 户 326 人全部脱贫。

“未来，我要在乡村振兴的主战场继续贡献青春力量！”杨宁说。

带领农民脱贫致富的，还有兰州鑫源现代农业科技开发有限公司董事长尹建敏。2018 年，尹建敏为当时的深度贫困地区东乡族自治县和漳县建档立卡贫困户投放种羊 2.1 万只，带动 8 个乡镇、6 个合作社开展规模化养殖。她还新建 8 个黑木耳种植基地，吸纳 350 名妇女在家门口就业。截至 2022 年 3 月，为建档立卡户分红 865 万元，支付土地流转费 142 万元。

乡村振兴的道路，见证了她们的不懈引领，也见证了她们的医者仁心。

37 岁辗转多地回到祖国，57 岁投入麻风病防治工作，95 岁成为中国共产党党员……世界著名麻风病防治专家、首都医科大学附属北京友谊医院医生李桓英长期奔波在云、贵、川等地的偏远山区，曾经 4 次遇险，两侧锁骨和肋骨都摔断过。她推广的“短程联合化疗”方法救治了数以万计的麻风病患者，她提出的垂直防治与基层防治网相结合的模式，被称为麻风病“全球最佳的治疗行动”，为我国乃至世界麻风病防治工作作出了突出贡献。

“我要把学会的知识为祖国和人民服务”。如今，百岁高龄的李桓英用实际行动激励着年青一代的医务工作者。

同样坚守在医疗卫生岗位数十年的，还有陕西省榆林市佳县人民医院原副院长、儿科主任路生梅。

1968 年，路生梅被分配到佳县人民医院工作。看到佳县落后的医疗条件，她许下了“为党工作50年，为佳县人民服务50年”的承诺，用心守护革命老区人民的生命健康。路生梅白天接诊患者，晚上刻苦学习，迅速从一名专业儿科医生成长为全科医生，并创办了佳县第一个正规儿科。退休后的20多年里，她依然坚持每周在县医院和中医院义务坐诊，接诊患者超15万人次。

推动科技创新：“抓住新技术、新产业的发展机遇”

科技战线上，巾帼力量举足轻重。她们潜心研究、刻苦攻关，以专业和实力诠释不平凡的“她”力量。

国家超级计算广州中心主任、中山大学计算机学院教授卢宇彤践行科技强国目标，亲历了中国超算从跟跑到领跑的跨越式发展，是五代银河、两代天河超算系统研制骨干。她长期致力于国产超算技术攻关，坚持自主创新，突破高速通信系统、并行程序应用环境、大规模资源管理等超算核心技术，担任副总设计师的“天河二号”夺得世界超算500强六连冠。同时，她也是国际超算ISC Fellow和ISC19大会主席，是担任此职务的首位中国学者、世界首位女性学者。

“在工作过程中挑苦活、挑累活，在科研过程中选难题、选前沿。”卢宇彤说，“希望每名女性都能自尊、自信、自立、自强，抓住新技术、新产业的发展机遇，与祖国共同成长。”

浙江大学医学院教授、博士生导师胡海岚2008年放弃美国教职回国，专注于脑的高级功能及相关疾病的研究，在系统神经科学领域取得了一系列世界领先的创新性研究成果，揭示了抑郁症发生及抗抑郁药物快速作用的分子、细胞及环路机制，为研发更好、更安全的新一代抗抑郁药物提供了科学依据。2021 年，胡海岚获得第二十四届“世界杰出女科学家奖”，为中国智慧走向世界舞台作出积极贡献。

海军航空大学某实验室教授关欣投身国防事业 23 年，长期从事信息对抗、信息融合和指挥控制信息系统领域的一线教学科研工作，为国防教育、舰载航空兵战斗力生成和海军信息对抗装备转型作出突出贡献。关欣先后主持完成重大科研项目 10 余项，创新实现了理论模型的工程化应用，解决了 10 余项关键技术难题，为我军在海上战场装上了先机制敌的“千里眼”和“顺风耳”。

“未来我们将继续瞄准国家科技前沿和海军转型重大战略需求，进一步注重实战能力引领带动。”关欣说。

传承红色基因：“把这种精神和作风延续下去”

新疆维吾尔自治区克孜勒苏柯尔克孜自治州乌恰县吉根乡护边员布茹玛汗·毛勒朵扎根边疆，将青春年华奉献给祖国的守边事业。1961 年，她与丈夫一起来到吉根乡，成为一名护边员，在平均海拔 4000 米以上的冬古拉玛边防线上，五十余年如一日巡边护边，每天至少走 20 公里山路，创造出无一例人畜越境事件发生的守边业绩。如今，布茹玛汗的 3 个儿子、2 个女儿都是护边员，一家人无怨无悔守护祖国山河。

“我们全家用脚步丈量祖国神圣领土的决心不停，巡边护边的信念不改，心系祖国的爱国之情不变。”布茹玛汗坚定地说。

“为什么红领巾是用烈士的鲜血染红的？”一位少先队员不经意间的提问，让上海市黄浦区卢湾一中心小学校长吴蓉瑾陷入沉思。

“打好红色底色，种下信仰种子，身边就有最鲜活的课堂。”吴蓉瑾在全国率先组建小学生红色讲解员社团，依托中共一大纪念馆，10余年来累计培养了近千名小学生党史讲解员，坚定了他们从小听党话跟党走的决心，让爱党爱国的校园文化蔚然成风。

江西省妇联兼职副主席甘公荣是“将军农民”甘祖昌和全国道德模范龚全珍的女儿。几十年来，她扶危济困、热心公益，用实际行动传承红色家风：积极参与龚全珍爱心救助基金会管理，帮助贫困学生和困难群众上百人；成立莲花县巾帼志愿者协会，发展志愿者近千人；作为“赣鄱红色娘子军”的宣讲员，线上线下为800多万学员讲述父辈艰苦奋斗的故事。

“我要继承他们心系百姓的精神，发扬艰苦奋斗的优良作风，把这种精神和作风延续下去。”甘公荣说。

在乡村振兴的热土上，在科技创新的浪潮中，在志愿服务的第一线……“最美巾帼奋斗者”开拓进取、矢志拼搏，以勇立新功的豪情壮志投身伟大事业，为迎接党的二十大胜利召开贡献磅礴力量。

《人民日报》2022年3月7日

2022

最美巾帼奋斗者

布茹玛汗·毛勒朵

布茹玛汗·毛勒朵：在西陲边境写“中国”

布茹玛汗·毛勒朵，中共党员，柯尔克孜族，新疆乌恰人，1942年6月出生。这位曾经是文盲的妇女，在祖国的西陲边境，刻画了无数的“中国石”。如今，这位妇女年逾古稀，却仍然在海拔4000米的高原上，与边防战士一起守卫着祖国的边境。

“中国”刻在石头上，也刻在“冬古拉玛大妈”的心头上

“冬古拉玛”在柯尔克孜语里是山高坡陡、石头滚下来咚咚响的意思。冬古拉玛山口是克州千里边境线上的一处通外山口，走进这里，随处可见刻着柯尔克孜文和汉文两种文字“中国”的石头，边防官兵自然把海拔4000多米的山口和布茹玛汗·毛勒朵联系在一起，称她为“冬古拉玛大妈”。

54年前，布茹玛汗·毛勒朵还是一位风华正茂的柯尔克孜族青

年妇女，她与丈夫托依其别克第一次来到冬古拉玛山口时，知道了什么是边境，什么是国家。她知道柯尔克孜族是英雄玛纳斯的后裔，是一个世代守边的民族。布茹玛汗说：“界碑比两家草场的界石重要，牛羊越过界石，还可以赶回来，要是越过了界碑，那麻烦的事情就大了。”

“戈壁上留下了石头，石滩又变成了林海；绿的原野变成河滩，山涧的岩石已经转移。一切都发生了巨大的变化啊！唯有祖先留下的史诗，仍在一代一代地流传……”布茹玛汗不识字，却能朗朗上口地唱出几段《玛纳斯》。她唱着歌儿行走在大山里，低头捡起一块石头，想着这是我们中国的石头啊！和别国的有啥不一样呢？她想在上面刻两个字，可惜没有上过学。她想起了柯尔克孜族的谚语：“请教别人百战百胜，固执己见四面碰壁。”于是，她向别人讨教，费了“赶着九头牛翻了九座山”的力气，终于学会柯文和汉文“中国”的写法。

在冬古拉玛山口，布茹玛汗已经记不清刻下了多少“中国石”。羊群安静地吃草，布茹玛汗放下牧鞭，找来了一块戈壁石，先是用水在石头上写下“中国”字样，然后拿着尖利的石头在上面反复地雕琢。面对冬古拉玛雪山，她跪坐在乱石上，任凭寒冷的山风吹乱秀发。双手血肉模糊之间，她的第一件“作品”伴着西垂的最后一缕阳光诞生了。看着渗入刻痕的鲜血，她双唇贴到石头上，如同亲吻着祖国大地，心中涌动着“我一个普通的牧民能为祖国做点事了”的自豪。

此后，一有空闲，她就找来石头刻“中国”。54年过去了，当年的美少妇变成了老妇，纤细的手长满了老茧，可她雕刻的动作始终没有停止过。

冬天，露在外面的石头少了，她每走一段路就在雪地上写“中国”二字。她不曾考虑过，雪会不会化掉，她觉得那时的手已经不是自己的了，而是中国的。曾经有人为她算过，冬古拉玛山口留下了她 8 万公里的足迹，相当于环绕地球两周。可是，在她去乌鲁木齐参加“2005 感动新疆十大人物”颁奖晚会之前，她连 100 多公里外的乌恰县县城都没去过。

◎ 布茹玛汗 · 毛勒朵在边境线刻“中国石”

身后一串串坚实的脚印，散落在冬古拉玛山口。布茹玛汗熟悉边境线上的一草一木，还有那些无声的石头，就像熟悉自己的手指头一样。布茹玛汗说：“冬古拉玛的石头，和家中嵌花木箱里放的东西一个样子。哪块石头是人走的，哪块石头是羊走的，哪块石头是贼娃子（越境分子）走的，我的眼睛里都有呢。”1986 年 7 月的一天，布茹玛汗巡边到了冬古拉玛山口。突然，她敏锐地发现界碑向我国方向移动了两个半拳头的距离。边界无小事，她沿着山道跑回 3 公里外的毡房，甚至来不及鞴好马鞍，就飞奔着到吉根边防派出所去报信。

从冬古拉玛山口到乡里有 60 公里的山路，诸如“驼月里干（柯语：骆驼死过的地方）”之类的危险地带就有 18 处，牲畜滑坡断腿、牧民不慎坠崖遇难的事时有发生。但那时，布茹玛汗想的只是早点把情况报告给派出所。11 个小时的策马飞奔，几乎把布茹玛汗的身躯颠散。终于到了派出所，她顾不上喝口凉水润润快要冒烟的喉咙，就连夜带着官兵赶往冬古拉玛山口。经过仔细勘查确认，界碑被人为地向我方移动了 25 厘米。等布茹玛汗和官兵一起将界碑复原时，她终于支撑不住瘫倒在地。

“冬古拉玛大妈”家就是一个流动的哨所

没有无边境的国家，也没有无边民的边境。克孜勒苏柯尔克孜自治州境内有 1195 公里边境线，有大小 250 多处通外山口，仅靠边防官兵守防巡边的话，眼睛显得有些不够用。20 世纪 60 年代，300 多名边民成为边防线上不可或缺的护边员。在当地柯尔克孜族群众嘴里流传着这样一句话：“每一座毡房都是一个流动的哨所，每一位牧民就是一个活着的界碑。”布茹玛汗·毛勒朵就是一个活着的界碑，她家的毡房就成了巡逻官兵流动的哨所。

布茹玛汗有好几个子女，可一茬又一茬喊她“妈妈”的“兵儿子”却像漫天的星星数也数不清。官兵们走进毡房的时候就“冬古拉玛大妈！冬古拉玛大妈！”叫个不停，可大妈真实的名字他们不知道。而布茹玛汗却把这个称谓当成了一种荣誉，官兵到了冬古拉玛山口，要是不吃住在她的毡房里，她会生气。要是官兵被别人拉到毡房里去了，她就要和人家去“吵架”。

“冬古拉玛大妈”的节日数不清，只要有巡边的官兵到来，就是她家的节日。打馕宰羊烧炉子，大妈忙在手上喜在心头。布茹玛汗说：“兵娃子们喊我‘冬古拉玛大妈’，他们就是我的儿子，出门在外的儿子回来了，不宰一只羊怎么能行呢？”40 年来，她宰了家里 40 多只羊。然而，又有谁知道，她家一年都难得吃上几次肉呢？

浙江籍战士罗齐辉说：“在冬古拉玛山口，‘冬古拉玛大妈’就是我的亲妈，是她给了我重新巡逻在边防线上的机会。”1999 年 7 月 28 日，罗齐辉和战友们巡防到冬古拉玛山口时，雨雪肆虐。在朝“冬古拉玛大妈”家毡房行进途中，马背上的罗齐辉突然觉得双腿失去了知觉，“扑通”一声便从马背上跌落下来，顿时不省人事。这一跤，正好摔在了大妈的毡房前，把大妈的心都摔碎了。她不管脚下是泥还是雪，冲锋似的奔了过去，和官兵们一起把罗齐辉抬进了毡房。

“快！把圈里那只小山羊宰了！”布茹玛汗一边用命令的口吻吩咐着儿子，一边流着泪把小罗的双脚揣进怀里。不一会儿，一盆热腾腾的羊血端了上来。布茹玛汗双手蘸着羊血，在小罗的腿上仔细地揉来揉去。渐渐地，小罗的双脚有了感觉。接着，“冬古拉玛大妈”又把羊的内脏敷在小罗的双腿上，双手仍不停地揉搓。小罗的双腿涌动着暖意，慢慢地睁开双眼，看着大妈的脸上和衣裙上溅满了羊血，他掉泪了。柯尔克孜族民间用热羊血治疗冻伤的土法子，在一个多小时后奏效，大妈露出了欣慰的笑容。

有一年7月下旬，某边防连连长胡红利带着战士到冬古拉玛山口巡逻。在离布茹玛汗家毡房还有十几公里的时候，天气陡变，倾盆大雨瞬间形成山洪，气温骤降。经过8天巡逻的官兵又冷又饿，人困马乏，所带的干粮也吃完了。只好停止前进，钻进一间废弃马厩里，把剩下的两把马料放在工兵锹上炒熟了充饥。子夜时分，执勤的哨兵借着闪电发现不远处有两个人影正向马厩接近。当人影越走越近时，哨兵叫出声来："冬古拉玛大妈！""冬古拉玛大妈"和儿子麦尔干拖着浑身的泥水来了。买尔干脱掉大衣，从背上卸下半袋子馕。面对被雨水浸透的馕，官兵们雨水伴着泪水，仿佛吃下的是"冬古拉玛大妈"的心。

"不怕风雨的牧民，羊群为他歌唱。"原来，出发前，官兵们曾与"冬古拉玛大妈"的儿子买尔干通过电话。这天下午，大妈备好了酸奶、奶茶，就开始烧锅做饭。按她推算的时间，官兵早该到了，可是左等不来右等不来，难道他们是被大雨困在路上了？她感到有些不安，当即决定和儿子买尔干去迎接官兵。雨大风狂、夜色茫茫，母子俩互相搀着，深一脚浅一脚地向前摸索。几个小时过后，终于找到了部队官兵。

在漫长的守边岁月里，"冬古拉玛大妈"无数次地救起冻伤、摔伤官兵。每次官兵巡逻到此，她总是嘘寒问暖，忙前忙后，为官兵们烧一壶奶茶，为军马喂饱草料，往军用水壶里灌满水，送他们上路。她还不止一次地踏着没膝深的大雪，为巡逻的官兵带路……

2007年7月1日，在吉根乡边防派出所，65岁的布茹玛汗在党旗下庄严宣誓，加入了中国共产党，实现了人生最大的愿望。

几十年的母爱亲情，使布茹玛汗成了边防连官兵们共同的母亲。她的英雄事迹被编入连队教材，是每个新兵到连队的必修课。

5年前，边防连在布茹玛汗大妈家旁建了一所“边防之家”荣誉室，成为军地党员教育基地。

近几年，布茹玛汗获得“中国十大杰出母亲”“全国爱国拥军模范”等荣誉，那里边浸透了她半个世纪的戍边足迹和拥军深情。

“我很自豪，三个儿子、两个女儿都是护边员。去年，大孙子也成了一名边防军。现在我放心了，家里又有了几个‘流动哨所’，我的班有人接了！”布茹玛汗脸上露出了幸福的笑容。

新疆维吾尔自治区妇女联合会供稿

中国，一生的守护

◎ 阿依努尔　宿传义

柯尔克孜族牧民布茹玛汗·毛勒朵生命中绝大部分时光，在祖国最西端的边境线上度过。

五十余载，只为守护国家边境。每日跋山涉水、夜宿雪岭、攀爬峭壁……路途上，唯有孤独、危险、寒冷相伴。她走过20多万公里山路，在帕米尔高原大大小小山石上亲手刻下10多万块“中国石”。

极致的忠诚热爱、坚定执着，感动中国。

“我做了应该做的事”

布茹玛汗·毛勒朵是新疆克孜勒苏柯尔克孜自治州乌恰县吉根乡冬古拉玛通外山口的一名护边员。这里海拔4290米，是帕米尔高原中国通往吉尔吉斯斯坦的一处边防隘口。

1961年，19岁的布茹玛汗跟随丈夫在冬古拉玛安家。她发现，这里虽有边界线，但没有界碑。那时的她，便立下了手刻界碑的心愿。

布茹玛汗记得，当她第一次将“中国”两个字刻在石头上时，欣喜地将那块石头抱在怀中。50 多年过去了，她在边境线上的 10 多万块大大小小石头上刻下“中国”两个字。

布茹玛汗的父亲是孤儿，自小和 5 个兄妹为巴依（富户）家放牧谋生。新中国成立后，全家开始过上好日子。对于来之不易的新生活，布茹玛汗的父亲十分珍惜，弥留之际叮嘱子女：“这里是靠解放军吃着草根才得到解放的，你们要守好边境，像待家人一样待解放军。”

那时，很少有女性放牧巡边，但布茹玛汗每日早出晚归，将越境的牛羊赶回来，查看陌生人有无进出边境。冬古拉玛山口离布茹玛汗的家有 60 公里山路，她照顾不了家庭；一路上，悬崖、乱石滩、沟壑密布，她的腿脚经常被尖利的岩石划出道道血口，很多次受困于暴风雪中……护边生涯里，布茹玛汗遭遇过无数危险。

◎ 数十年来，布茹玛汗 · 毛勒朵无怨无悔地戍守着祖国的边境线

她对于边境线的守护执着得近乎“偏执”，乡邻笑她痴傻，

丈夫也和她闹过矛盾。

然而，她无怨无悔。“父亲说过，边境线安稳国家才能安稳，人们才能有幸福生活，我做了应该做的事，度过了有意义的一生。”布茹玛汗说。

“他们就像我的孩子”

“拥军爱军”是布茹玛汗常年坚持的另一件事。她记不清救治过多少冻伤、摔伤、被暴风雪困住的“兵娃”，给他们妈妈般的爱与呵护。

1999 年，浙江籍战士罗齐辉巡逻时被困暴风雪，双腿严重冻伤。得知情况后，布茹玛汗和官兵们迅速将他抬进毡房，把小战士的双脚揣在自己怀里暖着，让儿子麦尔干宰杀山羊接热血救治。经过 1 个多小时急救，战士的双腿开始恢复知觉。

2004 年，某边防连连长胡红利带领战士出发，原计划巡逻 8 天后到达冬古拉玛山口。天气突变，他们被困半山腰。暴雨之夜，布茹玛汗和儿子背着干粮摸着石头一点点向前挪，赶了十几个小时山路，将救命干粮送到战士们手中……

布茹玛汗有一个习惯：只要有空就织毛衣、毛裤、毛袜子，用的是自己手工捻的羊毛和骆驼毛，给“兵娃”们准备过冬衣物；战士们的鞋袜、衣服湿了，她就守在火堆边一件件烤干；衣服破了，她一件件补好……

布茹玛汗家生活并不宽裕，可是，只要边防战士巡逻经过她家，或来做客，她和丈夫、孩子都会把毡房让给战士们住，自己搬到放杂物的小毡房里。每年建军节，她都会在家里准备酥油卷饼、奶茶，宰杀牛羊，请边防战士到家里庆祝节日。

“他们就像我的孩子。”布茹玛汗满是怜爱。

“对得起自己、对得起国家就是最大的好”

对于布茹玛汗而言，热爱祖国是一种信仰，这已经成为家风并得以传承。

布茹玛汗有 3 个儿子、2 个女儿都是护边员。她对子女说：“我过去吃的苦像山那么多，你们现在也要守护好祖国的边境线。”

布茹玛汗的儿子麦尔干从 12 岁就跟着妈妈巡边护边。如今，40 岁出头的他已是当地护边员小组组长。回想过去，他红了眼眶：“小时候埋怨妈妈为什么总不回家，为什么不能像其他人的妈妈一样给我们做热饭热汤，只知道她在边境线上巡边，还常常受伤。成为像她一样的护边员后，才明白了边境线的意义，开始钦佩妈妈，为她骄傲。”

如今，布茹玛汗的故事传扬在天山南北，成为新疆各族护边员的榜样。

2019 年国庆前夕，布茹玛汗荣获“人民楷模”国家荣誉称号。当她蹒跚走向领奖台时，远在近万里外的国境线，布茹玛汗家人围坐在电视机前，喜极而泣。

“把自己该做的事情做好，对得起自己、对得起国家就是最大的好。”布茹玛汗说。

新华社乌鲁木齐 2019 年 10 月 3 日电

用实际行动践行爱国之情

◎ 宋卫国

“爱国、护边是不分年龄的，虽然我快 80 岁了，但我会用自己的实际行动影响更多新时代女性。”2022 年 3 月 7 日，布茹玛汗·毛勒朵在电话中对记者说。

在三八国际劳动妇女节来临之际，中宣部、全国妇联评选出 10 名“最美巾帼奋斗者”。克孜勒苏柯尔克孜自治州乌恰县吉根乡护边员布茹玛汗·毛勒朵位列其中。

布茹玛汗·毛勒朵从 19 岁开始成为一名护边员，守护海拔 4200 多米的冬古拉玛山口。在半个多世纪的巡边路上，她刻下无数块“中国石”，用实际行动践行着爱国之情。

用生命守边护边

3 月初，气温回暖。6 日，在吉根乡萨孜村，布茹玛汗·毛勒朵家中围坐着同村几位妇女，大家聊着这些年生活中发生的点滴变化，无不感慨："跟着共产党走，日子一天比一天好。"

"马上就是三八妇女节了，我们姐妹一起提前过个节。"布茹玛汗·毛勒朵说。

在布茹玛汗·毛勒朵还是孩子时，父亲就教育她，是中国共产党和人民解放军给我们带来了新生活，一定要守好边防，一定要守住现在的幸福生活。一直牢记父亲叮嘱的布茹玛汗·毛勒朵成为一名护边员后，用双脚丈量着边境线。

在 50 多年的巡边过程中，布茹玛汗·毛勒朵已经记不清自己吃了多少苦，但她却清楚地记得每一块界碑的位置，一直没有忘记刻"中国石"，更不会忘记自己守边护边的使命。

虽然现在年龄大了，她没办法去边境线上巡逻，但住在萨孜村，和护边员们聊聊巡边的故事，给边防官兵做一点力所能及的事，也让她感到很幸福。

"我要一直守在边境线上，用生命践行守边护边的誓言。"布茹玛汗·毛勒朵说。

引领孩子们成为护边员

布茹玛汗·毛勒朵用实际行动引领着自己的孩子一个个成为护边员。

麦尔干·托依齐拜克是布茹玛汗·毛勒朵的二儿子，12 岁时麦尔干就跟着母亲走在护边路上，看着母亲用双手在石头上刻下"中国"两个字。稚嫩的麦尔干问母亲，为什么这么做，布茹玛汗·毛勒朵把当年父亲的话转述给了麦尔干。

1990年，麦尔干在母亲的影响下也成了一名护边员。走在母亲走过的路上，做母亲一直在做的事，他觉得很自豪。

在布茹玛汗·毛勒朵的影响下，她的3个儿子和2个女儿先后加入到护边员的行列中，长孙也成为乌恰县公安局的一名民警，一同守护着祖国的边防安全。

布茹玛汗·毛勒朵常说，守好了祖国的边防，就能守住我们的幸福生活。

把守边护边精神带给更多人

近年来，布茹玛汗·毛勒朵守边护边的事迹被越来越多的人知晓，大家怀着对她的崇敬之情从四面八方赶来，想见一见这位“活界碑”。

◎ 布茹玛汗·毛勒朵向来访者介绍她半个多世纪的守边护边历程

为了让更多人从自己守边护边的经历中汲取力量和养分，布茹玛汗·毛勒朵把自家一间30平方米的房屋改成了陈列室，收藏了200多幅图片、12件实物以及多年来荣获的各类证书、自己刻下的“中国石”等。

每次有人来参观，布茹玛汗·毛勒朵都会讲起自己的巡边经历……这些故事都像是发生在昨天，带着前来参观的干部群众重新走过她的巡边之路。

布茹玛汗·毛勒朵说，守好边境线，守住幸福生活是每一个中国公民的责任和义务，虽然自己年龄大了没办法再去边境线巡逻了，但讲好巡边故事，让各族干部群众铸牢中华民族共同体意识也是一种贡献。

《新疆日报》2022年3月8日

代代接力守边境

◎ 宋卫国

“只有守好了边境，我们才会有幸福的生活。”

——布茹玛汗·毛勒朵

5 月底，乌恰县吉根乡萨孜村气候凉爽宜人。村里一民居大门左侧墙上挂着“守边光荣——爱国主义教育基地”铜牌，这里就是布茹玛汗·毛勒朵的家。

在布茹玛汗的住所，有一间 30 平方米的房间，收藏了 200 多幅图片、12 件实物以及她多年来荣获的各类证书，这是一座鲜活生动的护边历史教育馆。每到节假日，附近的干部群众、学生来参观，布茹玛汗都会将自己守边的经历讲给他们听。

从 19 岁第一次和丈夫巡边开始，布茹玛汗在国境线上行走了 60 年，用双手在无数块石头上刻下了“中国”两个字，忠诚守卫着祖国的边境线。

“我熟悉昆仑山冬古拉玛山口的石头，就像熟悉我家抽屉里的东西一样。哪块石头是走人的，哪块石头是赶羊的，哪块石头是走贼娃子（越境分子）的，都逃不过我的眼睛。”5 月 31 日，说起守边护边的经历，布茹玛汗的眼睛里充满坚定和自豪。

传家风，传出爱国情怀

5 月 31 日，清晨 9 时，朝阳的余晖洒在了冬古拉玛山上。

麦尔干 · 托依齐拜克把蔬菜和清油装上了一辆皮卡车，熟练地驾驶着车辆朝着 30 公里外的边防官兵驻地驶去。

麦尔干是布茹玛汗的二儿子，12 岁时就跟着布茹玛汗一起走在巡边路上，刻“中国石”、守边境线。

1990 年开始，麦尔干正式成为一名巡边员。

◎ 布茹玛汗 · 毛勒朵展示她刻下的“中国石”

"我比妈妈要轻松得多，刚开始巡边的时候我们骑着摩托车，现在我们开着汽车，效率比以前提高了很多。"麦尔干说。

巡边路上，麦尔干总能看到布茹玛汗刻下的"中国石"，每当这时他都会从心底升起对妈妈无比的敬佩之情，更加坚定了自己继续走好巡边路的决心。

巡边之余，麦尔干还主动承担起了为边防官兵义务运送物资的工作，只要边防官兵需要，麦尔干都会在第一时间开上自己的皮卡车，将所需物资送到官兵驻地。

"官兵是守边护边的主力军，为他们做好物资配送也是我的光荣使命。"麦尔干说。

同一天，乌恰县公安局特警大队的训练场上，排依散·伊拉提正在和战友们一起训练，汗水湿透了衣衫。

排依散是布茹玛汗的孙子，2013 年从部队退伍后，成了乌恰县公安局的一员。

"奶奶用一生守护着边境线的安全，现在我也要从奶奶手中接过接力棒，守护人民群众的安全。"排依散说。

布茹玛汗一共有 3 个儿子和 2 个女儿，5 个孩子都坚守在边境线上，当起了护边员。长孙排依散也加入了守边、护边行列。

"在孩子们还很小的时候，我就教育他们，不管到什么时候，都不能忘记守护边境的安全是头等大事，要一代一代往下传。"布茹玛汗说。

在布茹玛汗的影响下，如今吉根乡又有 80 多名年轻人加入了护边员的行列。

守边境，守住安稳生活

1961 年，19 岁的布茹玛汗嫁到萨孜村，并且成了一名护边员，负责守护海拔 4200 多米的冬古拉玛山口。

自己没有上过几天学，怎么守边呢？她想出了一个办法，向人请教学会了两个字：中国。

这以后，布茹玛汗只要见到合适的石头，就会刻下这两个字。时至今日，这种写着“中国”两个字的大大小小的石头在冬古拉玛随处可见。

布茹玛汗说，刻的“中国石”越来越多，自己对祖国的热爱也越来越深了。

“我要通过一块块写着‘中国’的石头告诉那些有歪心思的人，这里是中国，不允许有任何破坏国家、危害人民的行为。”布茹玛汗说。

布茹玛汗还关心着和她一起守边的边防官兵。每逢过年过节，布茹玛汗都会提前做好酥油卷饼、奶茶，宰好牛羊，邀请驻地官兵和民警来家里做客。

“这些孩子就像我的孩子一样，他们常年不能回家，我应该照顾好他们。”布茹玛汗说。

60 年来，只要有空她就用自己手工捻出来的羊毛线织毛衣、毛裤、毛袜子，给“兵娃”们准备过冬衣物；战士们的鞋袜、衣服湿了，她就守在火堆边一件件烤干；战士们衣服破了，她一件件补好；战士们生病了，她就用各种“偏方”给他们治病……

入了党，了却终身心愿

“我的党龄马上就有 14 年了。”布茹玛汗语气里有满满的自豪感。

布茹玛汗有时会记错孙子的生日，但从不会忘记 2007 年的 7 月 1 日，那一天她入了党，成为一名光荣的共产党员。那年，她 65 岁。

入党后，布茹玛汗对自己要求更严格了。

2008 年 10 月 5 日，乌恰县发生了 6.8 级地震，萨孜村不少村民的房屋损坏，有的甚至倒塌了。

地震发生后，布茹玛汗第一时间组织村民查看房屋受损情况，又和乡镇干部、驻地官兵逐户抢救伤员、转移群众。

看着忙碌的布茹玛汗，村民问：“你家的房子不是也受损了吗？赶紧回去看看吧。”

布茹玛汗回答说：“群众的事大于天，这些村民更需要帮助。”

布茹玛汗说，让党旗飘扬在边境线上，自己感觉无上光荣。

《新疆日报》2021 年 6 月 30 日

2022 最美巾帼奋斗者

李桓英

李桓英：为了一个没有麻风病的世界

李桓英，1921年8月生，中共党员，世界著名麻风病防治专家，首都医科大学附属北京友谊医院、北京热带医学研究所研究员。

不悔抉择彰显华侨爱国情怀

1921年出生于北京的李桓英，曾于1946年留学美国约翰斯·霍普金斯大学，毕业后成为世界卫生组织成立后的第一批官员，她在世界卫生组织任职7年，被派往亚洲、美洲等许多国家，在防治性病和雅司等疾病在贫穷落后地区蔓延的工作中有着出色的表现。她婉谢了世界卫生组织的续约邀请，瞒着定居美国的父母，于1958年只身辗转回到新中国。她说，“新中国刚刚成立，一切还百废待举，正是急缺人才的时候，作为中国人就应该回来”。面对国外富裕生活和祖国需要，她毅然选择回到祖国怀抱。

创新担当不愧当代医生榜样

麻风病是人类古老的疾病，历来是备受歧视的、致残的“不治之症”。1978年，李桓英调到北京友谊医院热带医学研究所，从此，李桓英将全部精力贡献给麻风病的防治和研究工作。这时的麻风病还具有很大危害，不但给患者带来极大的痛苦，还给社会造成莫大的恐惧。人人避之唯恐不及，就连许多从医的人也对麻风病人绕道而行。

为了寻求更好的治疗方法，李桓英大胆解放思想，开拓创新，她将国外先进的治疗方法与中国实际相结合，率先开展了服药24个月就停药的短程联合化疗和消灭麻风病的特别行动计划，短短几年，使肆虐数千年的麻风病魔成为可控、可治的普通疾病，全国麻风病人从11万人降至不足万人，年复发率仅0.03%，远低于世卫组织小于1%的标准，为我国及世界麻防工作作出了突出贡献。此举证明无须住院隔离治疗，解决了麻风病的治疗难题，为数以万计的麻风病患者解除了疾苦，对消除社会歧视起到了积极作用。李桓英正是在不断的拼搏中超越自我。“以前人们对麻风病怕得要命，我就不信那个邪，就要和这种错误观念斗。”她采取的办法不是别的，而是拿自己做试验：病人家的水她仰头就喝，饭捧起就吃；病人试探着同她握手，她拉着就长时间不松；遇见病人，她总是拍拍肩膀，摸摸鞋里有没有沙粒……麻风病患者说：“麻风病把我们从人变成了鬼，是李教授把我们从鬼变回了人。”1994年该治疗方案被世界卫生组织推广至全球。1996年，她又率先在国内开展消除

◎ 1998 年 7 月，李桓英在云南勐腊县曼南醒村为麻风病愈者检查双手康复情况

麻风运动，首次提出了麻风病垂直防治与基层防治网相结合的模式，被称为“全球最佳的治疗行动”，促进了麻风病的早发现、早治疗。

巨大的成功背后，是李桓英为麻风病防治事业付出的全部精力和心血。她把荣誉和金钱看得很轻，把人民的健康看得比自己的生命还重，充分体现了一位爱国知识分子的高尚情操。为了我国麻风病防治事业，高龄的李桓英积极向世界卫生组织申请到上百万美元防治经费，长期奔波在云、贵、川贫困边远地区，7 个地州、59 个县镇，几乎每一个村寨都留下了她的足迹。在深入麻风病区的途中，由于山高路险，道路崎岖，李桓英曾经 4 次遇险，2 次翻车，2 次翻船，两侧锁骨和肋骨都摔断过。1989 年李桓英去四川西昌，汽车翻越雪山时突然打着滚掉进了十几米深的山沟里，等她苏醒过来，雪地上留下一大片殷红的鲜血，她两侧锁骨和3根肋骨骨折，头部外伤缝了7针，大家都劝她好好休养，她却缠着厚厚的绷带、打着石膏就继续投入了新的工作。艰苦与危险没能阻挡李桓英前行的脚步，她豪爽地说："要想搞事业，就别怕付出。若要计较，就什么也干不成。"

人类卫生健康共同体的实践者

出于对我国在麻风病防治工作这一领域作出的成就和贡献的肯定，1998年第十五届国际麻风会议决定在北京召开，在这次具有纪念现代麻风防治100周年特别意义的大会期间，李桓英被推选担任本次大会的轮值执行主席。会上，作为我国著名麻防专家同时身兼世界卫生组织第七届麻风病专家委员会8位专家之一的李桓英，作了《在云南实施麻风病防治特别行动计划的报告》，博得了与会1000多名中外专家长时间的热烈掌声。她领导开展的短程联合化疗和消灭麻风病的特别行动计划，被誉为全球最佳，世界卫生组织官员诺丁博士紧紧握着李桓英的手说："全世界麻风病防治现场工作，你是做得最好的。"

30余年来，李桓英不断优化治疗方案，缩短疗程，消除歧视。她解决了该领域的重大策略和技术上的关键问题，为我国政府制定控制和消灭麻风病的整体规划，为全球实现消灭麻风病目标的可行性提供了重要依据，作出了重大贡献。她在麻风防治研究上的成就赢得了国内外学术界的高度评价。获国家科学技术进步一等奖1项，省级科技进步奖6项。

党的关怀成就麻风防治梦想

李桓英全身心投入麻风病防治事业，至今未婚。百岁高龄的她在麻风病防治领域已经取得了常人难以超越的成绩，可是仍然精神矍铄地奋斗在麻风病防治研究第一线，生命不息，奋斗不止，为的就是早日实现彻底消灭麻风病的理想。她说："我国虽然基本上消灭了麻风病，但还没有彻底消灭，我们还有很多工作要做……"她带领麻风病研究课题组的同志进入分子生物学研究领域，开展麻风病早期诊断、耐药基因检测和分子流行病学的研究，旨在通过对麻风病分子生物学水平的研究，在麻风病的传播方式、发病机理、检测方法等方面取得创造性突破，在麻风病传播链的研究、麻风病高发区预防措施的研究以及麻风病基因方面的研究都取得了新的成果，为彻底消灭麻风病而不懈努力……

2005 年，以李桓英命名的"北京市李桓英医学基金会"成立，每年都选派一批优秀的中青年科技人才到国外访问学习。目前，已经选送 200 余人赴国外进修学习，为祖国培养了一大批医学人才。

2016 年 9 月，第十九届国际麻风大会在北京召开。李桓英荣获首届"中国麻风病防治终身成就奖"。当月，95 岁高龄的李桓英怀着对党的无限忠诚向党组织递交了入党申请书，她这样写道："在多年的社会生活和医疗工作中，我深刻领悟到中国共产党是全心全意为人民服务的党。也正是在党的培养、支持和帮助下，我为广大麻风病患者做了一些工作，取得了一定的成绩，党又给了我很多荣誉和鼓励。我虽已进入耄耋之年，但愿意以党员的身份为麻风事业奋斗终生！”在各级党组织的关心支持下，2016 年 12 月，李桓英与医院年轻的医务工作者一起庄严宣誓，正式成为中国共产党的一员。2019 年，李桓英荣获“最美奋斗者”称号。2021 年 8 月，中央宣传部授予她“时代楷模”称号，同月，获评全国三八红旗手称号。

李桓英是党领导卫生健康事业发展的见证者、亲历者和参与者。她对党忠诚、热爱祖国，始终心系人民健康福祉，把毕生精力贡献给了卫生健康事业；她视病人如亲人，精心医治、破除歧视，为数以万计的病患解除了疾苦；她尊重科学规律、坚守科学认知、勇于探索创新，致力于推动构建人类卫生健康共同体，为破解麻风病防治的世界难题贡献了中国智慧，鲜明体现了心有大我、赤诚报国的爱国情怀，生命至上、护佑苍生的医者仁心，求真务实、勇于攀登的科学精神。

北京市妇女联合会供稿

用大爱护佑天下苍生

◎ 白剑峰

2021 年 8 月 17 日，一位满头银发的老人迎来了 100 周岁生日。北京友谊医院举行了简单的仪式，为老人庆贺生日。面对鲜花和蛋糕，老人默默许下心愿："愿人类早日消灭麻风病，愿天下再无麻风病！"

李桓英，北京友谊医院、北京热带医学研究所研究员，世界著名麻风病防治专家。她选用的短程联合化疗方案得到世界卫生组织的认可并在全球推广，让数万名麻风病人重获新生。她把毕生精力都献给了全球麻风病防治事业，为推动构建人类卫生健康共同体作出了重大贡献。

"作为中国人，我渴望回到祖国的怀抱，把我最好的年华奉献给祖国"

李桓英，1921 年 8 月 17 日出生于北京。1945 年，毕业于上海同济大学医学院。1946年，前往美国约翰斯·霍普金斯大学攻读细菌学和公共卫生学硕士学位，毕业后留校任微生物学系助理研究员。

1950年，世界卫生组织成立。李桓英因成绩优异，被美国约翰斯·霍普金斯大学推荐担任世卫组织首批官员。任职7年间，她被派往亚洲、美洲等许多地区，为遏制传染病蔓延作出艰苦努力，受到世卫组织的好评。

1957年，在李桓英工作期满时，世界卫生组织主动提出与她续签合同。然而，李桓英亲眼看到不少国家由于贫穷而导致疾病流行，深感新中国更需要自己。

“当时，新中国成立不久，百废待兴，正是急需人才之际。我曾在美国杂志上看到过钱学森的名字，当听到他毅然回国的消息时，内心有了很深的触动。作为中国人，我渴望回到祖国的怀抱，把我最好的年华奉献给祖国。”李桓英回忆说。

当时，李桓英全家已移居美国，亲人都希望她留在美国。但是，她婉言谢绝了世卫组织的邀请，瞒着家人，只身一人绕道伦敦，几经周折，于1958年从莫斯科回到了祖国。这一年，她37岁。

从此，在漫长的岁月中，无论是晴空万里，还是风雨交加，她都无怨无悔；无数次的亲情召唤，都不能改变她报效祖国的决心……

李桓英说：“很多人问过我，当初已经离开祖国那么多年，为何选择回国？我都毫不犹豫地告诉他们：因为我是中国人，我在北京出生，不能忘本。”

1978年年底，李桓英调入北京热带医学研究所。时任所长钟惠澜院士让李桓英以访问学者的身份，由世卫组织资助出国考察，其中包括访问美国等6个国家的麻风病中心。

1980年，李桓英来到美国，为父母扫墓，并与弟弟妹妹团聚。这一次，她又坚定地拒绝了亲人们的挽留。在详细考察了美国的医疗成果后，李桓英如约返回祖国。

“只要是我认准的事，就决不回头。”李桓英说，“我是中国人，我的根在中国，我的事业在中国。离开了祖国，我的人生还有何价值？”

李桓英认为，自己一生最正确的选择就是能够回到祖国、报效祖国。她说：“我跑了那么多国家，漂来漂去，就像浮萍似的，没有根。你要做事业，还是要回到自己的国家。”这，就是她的赤诚爱国之心。

“当医生不能怕！这就好像战士都知道子弹厉害，上了战场不照样往前冲”

麻风病是人类最古老的传染病之一。20世纪初，全世界没有特效药，唯一的办法就是隔离病人。

1980年，李桓英被派往世卫组织做访问学者。她了解到，世卫组织正在研究一种联合化疗的新方法，药物配方已经完成，但是缺乏临床试验数据。为此，李桓英从世卫组织申请到了免费药物和项目支持。

在云贵川的项目试点村，为了拉近与麻风病人的感情，李桓英从不穿戴任何防护服与麻风病人接触，以消除病人的恐惧心理。此后，李桓英每到一个村寨，都会受到村民的欢迎：“北京来的女医生，不怕麻风！”

为了推广短程联合化疗方案，她走家串户，不辞劳苦。渴了，舀起病人家的水，仰头就喝。病人试探着同她握手，她便拉着病人的手长时间不放。见到老病人，她总是亲切地拍拍肩膀，甚至还主动拥抱。

“当医生不能怕！这就好像战士都知道子弹厉害，上了战场不照样往前冲？”李桓英说。

多少年来，李桓英一直奔波在贫困边远地区。云贵川 3 省 7 地州 59 县，每一个有麻风病人的地方都有她的足迹。

云南省西双版纳傣族自治州勐腊县南醒村曾是一个“麻风寨”。1990 年 4 月 17 日，南醒村“麻风寨”的帽子被彻底甩掉了。南醒村更名为曼南醒，傣语意为“新生的村寨”。

经过不懈努力，李桓英将麻风病人的服药时间缩短至两年，使全国麻风病人从原来的 11 万人下降到不足万人，且年复发率仅为 0.03%，大大低于世卫组织规定的年复发率小于 1% 的标准。

1994 年，李桓英选用的世界卫生组织短程联合化疗方案在全球推广。1996 年，她率先在国内开展“消除麻风特别行动”，首次提出了麻风病垂直防治与基层防治网相结合的模式，被称为“全球最佳的治疗行动”。2016 年，李桓英获得首届“中国麻风病防治终身成就奖”。

“治愈患者给医者带来的心灵慰藉，
是任何酬劳都不能取代的”

20 世纪 70 年代，李桓英来到苏北农村，第一次见到麻风病人。

当时的医务人员头戴防护巾，身穿隔离衣，手戴胶皮手套，场景令人恐惧……然而，看到病人被疾病折磨的样子，李桓英产生了深深的同情。她暗下决心：一定要让麻风病人过上有尊严的生活！

“我们不能怕病人，而要爱病人。”在日常诊疗中，她总是用微笑告诉人们：麻风病人不可怕。每当遇到穷困家庭的患者，李桓英总是给予更多的关怀和照顾，捐钱捐物，从不吝惜。

2007 年 3 月，一名来自河南的麻风病患者前来就诊。经了解，这名病人家中竟有 5 名新发麻风病患者，平时以拾荒为生。李桓英看到患者的脚部感染，又着急又心疼。她当即拿出随身携带的 1000 元钱，作为患者的生活补助。

2009 年 5 月，一名年仅 24 岁的男性患者前来就诊，当时他手部已感染，发生了隐匿骨髓炎，需要手术。李桓英说：“患者这么年轻，一定要为他的将来着想。”随后，她联系了医院骨科主任会诊。由于患者有绿脓杆菌，李桓英又亲自帮忙联系，找到了能做手术的机构和医生。很快，患者接受了扩创及死骨摘除术，大大提高了生活质量。

1993 年，云南省文山县有一名高三女学生，临近高考前被诊断为麻风病。此时，李桓英正好来到文山，立即仔细为她检查，并耐心地开导：“现在得了麻风，就像得了一块皮肤癣，只要联合化疗一周，就失去传染性了，你可以边学习边治疗，最多两年就能治好！”后来，这名女学生考上了大学，并成为一名教师。

李桓英说：“治愈患者给医者带来的心灵慰藉，是任何酬劳都不能取代的。能治好患者的病，是我这一生最大的幸福。”

“能够作为党员为医学事业奋斗余生，这就是我最重要的心愿”

2016年12月27日，是李桓英一生中最难忘的日子。

这一天，已经95岁高龄的李桓英特意围了一条大红的羊绒围巾。她仔细捋顺两鬓的头发，庄严肃立。站在一群新党员中间，她举起右拳，声音饱含真诚和笃定：“我志愿加入中国共产党……”从此，她终于梦想成真，光荣地成为一名党员。

◎ 2016年，李桓英光荣地加入了中国共产党

信仰的力量是无穷的。李桓英说：“入党和做研究一样，都是追求真理。能够作为党员为医学事业奋斗余生，这就是我最重要的心愿。”

几十年来，李桓英解决了许多麻风病防治领域的重大策略和关键技术问题，为全球实现消灭麻风病的目标提供了重要依据。近年来，她带领课题组进入分子生物学研究领域，开展麻风病早期诊断、耐药基因检测和分子流行病学的研究，取得了不少创造性突破。

“麻风病的历史，在我们这一代该终结了！”如今，李桓英依然关注着全球麻风病防治进展。她说：“虽然中国已基本消灭了麻风病，但还没有彻底消灭，还有很多工作要做。”她殷殷嘱咐前来探望的后辈，科研工作者不能停下创新的脚步，这是党和人民的重托。

疾病无国界，大爱无疆界。为了实现一个没有麻风病的世界，一位百岁老人依然在奋力前行……

《人民日报》2021 年 8 月 20 日

她，改变了10万人的命运

◎ 崔兴毅　彭　丽

英雄是民族最闪亮的坐标。

“要把最好的年华献给祖国”，37岁那年，她毅然决然投入祖国的怀抱；

“我的目标就是彻底战胜麻风病”，她用脚步丈量着云南防治麻风病战线的长度，不断破解麻风病防治的关键难题；

“我要争取奉献到100岁”，95岁时，她被批准加入中国共产党，成为一名预备党员。如今百岁的她，仍奋战在麻风病防治的第一线。

她就是世界著名麻风病防治专家，首都医科大学附属北京友谊医院、北京热带医学研究所研究员李桓英。

从国人眼中的“战‘麻’斗士”到麻风病患者口中的“李妈妈”，李桓英医者仁心的精神坐标愈发闪亮。

“如果我能活到 100 岁，还有 5% 的人生可以成为一名光荣在党的人”

“这一年来，我丝毫没有松懈，而是以一个党员的标准严格要求自己……我诚恳地向组织提出转正申请，请党组织审查。”

2017 年 12 月 26 日下午，96 岁高龄的李桓英教授戴上大红色的围巾。在党支部党员大会上如期转正，正式成为一名中国共产党党员。

“我回国不后悔，干麻风病防治工作不后悔……我想把有限的日子，投入到无限的工作中去。”老人一字一句地认真向党组织汇报着预备期的心声。声音中饱含岁月打磨过的笃定，颈间的红围巾和党旗相互映衬，鲜艳无比。

预备期这一年里，李桓英仍奋斗在一线。2017 年年初，她悄悄打包，准备再次出发前往云南。她心里牵挂着那些治愈的麻风病人，更惦记着尚未破解的麻风病发病机制。“我身体没问题，就是去看看病人的病情有没有复发，他们的亲属有没有潜在感染风险。”

一如她 2016 年对着党旗承诺：“如果我能活到 100 岁，还有 5% 的人生可以成为一名光荣在党的人，更加坚定跟党走，为医学事业继续奋斗！”

1921 年出生于北京的李桓英，曾于 1946 年留学美国约翰斯·霍普金斯大学，毕业后成为世界卫生组织成立后的第一批官员，她在世界卫生组织任职 7 年，被派往亚洲、美洲的许多国家，为防治性病等疾病在贫穷落后地区的蔓延作出了努力。

1957年，在李桓英为世界卫生组织工作7年期满时，世界卫生组织主动提出与她续签合同，期约5年，她婉言谢绝，瞒着家人，只身一人绕道伦敦，几经周折，于1958年从莫斯科回到了祖国。

时年37岁的她，回到阔别多年的北京，被分配到中国医学科学院皮肤性病研究所工作，开展“梅毒螺旋体制动试验”“麻风抗原检测”等。

当时实验室设备简陋，李桓英用土法自力更生制作的麻风菌脂质抗原（PGL）提取成功。她和同事先在自己身上做试验，至今，李桓英左右手臂上还留有清晰可见的疤痕。

1970年，李桓英来到江苏省的一个麻风村考察，在这里，她第一次见到麻风病人。麻风病是由麻风杆菌引起的一种慢性传染病，主要侵犯皮肤和周围神经，历来是备受歧视的、致残的“不治之症”。

当时由于没有治疗麻风病的有效药物，最“人道”的处理方式，是把他们赶到一个偏僻的地方，让其自生自灭。这一幕刺痛了李桓英：“我当初回国就是为了帮助祖国的同胞！”

李桓英决定，攻克麻风病。

1978年，李桓英调到北京友谊医院、北京热带医学研究所任研究员。从此，57岁的她将全部精力奉献给麻风病的防治和研究工作。她将国外先进的治疗方法与中国实际相结合，率先开展了服药24个月就停药的短程联合化疗和消灭麻风病的特别行动计划，解决了麻风病的治疗难题，为数以万计的麻风病人解除了疾苦。

1996年，李桓英又率先在国内开展消除麻风运动，首次提出了麻风病垂直防治与基层防治网相结合的模式，被称为“全球最佳的治疗行动”。

“很多人问过我，当初已经离开祖国那么多年，为何选择回国？我都毫不犹豫地告诉他们，因为我是中国人，不能忘本。”

李桓英说：“回国，我就一个目的，把我学到的东西用到生我养我的地方，不愧为中国人。”

“全世界麻风病防治现场工作，你是做得最好的！”

1979 年春天，李桓英第一次前往云南西双版纳考察麻风病情，那时的西双版纳 3 个县，分布着大大小小十几个麻风寨。过去，由于缺乏特效药物，以及社会对麻风病的恐惧、歧视和偏见，麻风病人忍受着肉体上和精神上的双重折磨。

“麻风病面临的最大障碍就是歧视！”为了拉近与麻风患者的感情，李桓英没有穿戴任何防护衣服和面具，走家串户给病人做检查，甚至与病人见面时总是握手拥抱拍肩膀。

由于长期的疾病折磨和远离人群，寨子里的人们对治疗既缺乏信心，又难以适应按时按量服药的治疗要求，有的病人甚至自暴自弃，把送来的药丢进水塘里。

李桓英听闻，十分着急，亲自上门送药，口渴了舀起病人家的水仰头就喝，饭捧起就吃。时间一长，寨子里的村民都传：“村寨来了个女医生，不怕麻风！”

“我们做医生的是没有恐惧的，我走遍世界，恐惧对我不是个事儿。我甚至巴不得自己被传染上——让你们亲眼看看我能治好它！”

李桓英还会教麻风病人穿鞋。“早晨和晚上，你们要这样。”手一下子伸进病人刚脱下来的脏鞋里，“摸摸有没有沙子和钉子，再穿上”。麻风病人手脚是麻木的，甚至，端滚烫的火盆都感觉不出烫手。李桓英不怕脏，就是为了教给他们防止皮肤破损溃烂的自我防护方法。

◎ 李桓英用手摸麻风病人的鞋子里是否有沙子

她用自己的行动来消除大家对麻风病的歧视，不断向人们证明：麻风病是可治之症，麻风病人并不可怕。

为了我国麻风病防治事业，高龄的李桓英长期奔波在云贵川贫困边远地区，7 个地州、59 个县，几乎每一个村寨都留下了她的足迹。

在她的努力下，云南省勐腊县的麻风病患者被全部治愈，1990 年的泼水节，他们摘掉了麻风寨的帽子，作为一个行政村，被正式划入勐仑镇，李桓英为它取名为“曼南醒”，意思为“新生的山寨”。这一天，李桓英和人们一块儿跳起了傣族舞蹈。

1998 年，李桓英在第十五届国际麻风会议上作了《在云南实施麻风病防治特别行动计划的报告》，报告结束后会场响起了经久不息的掌声。世界卫生组织官员诺丁博士紧紧握着李桓英的手说："全世界麻风病防治现场工作，你是做得最好的！"

"治愈患者带来的慰藉是任何酬劳都不能取代的"

"治愈患者带来的慰藉是任何酬劳都不能取代的。"李桓英对患者的关心不仅仅体现在治好他们的病痛，更如同亲人一般，时刻给予他们温暖，为他们寻求最佳的治疗方案。

1993年年底，云南省文山县有一位女生在临近高考前不到半年，被诊断出患了麻风病，李桓英得知情况后非常着急，赶去为她仔细检查："现在得了麻风，就像得了一块皮肤癣，只要联合化疗一周就失去传染性，你可以边学习边治疗，最多两年就能治好，放心吧。"

李桓英还鼓励她一定要好好学习，考上大学，不能自暴自弃。因联合化疗中有一种药物会造成皮肤染色，李桓英又与当地医生一起，为这位女学生设计专门的治疗方案，并请当地的医生一定要保证她的治疗，不要影响学习。过后，李桓英仍然惦念着这位女学生，曾多次打电话、写信询问她的情况。后来，这位女学生真的考上了大学，并在毕业后成为一名教师。

麻风病是一个"穷"病，大多数麻风病患者的家境都不是很好，李桓英像照料自己的孩子一样给予他们关怀和体贴。

2007年3月，热带医学研究所麻风室接诊了一位24岁麻风病患者小马，小马成长在一个麻风病高发家庭，家里有5人患麻风病。

李桓英无条件接收了这一家 5 位患者来京免费治疗。经过两年的治疗，他们的麻风病已基本治愈。一次复诊中，李桓英教授看到小马的手已破溃感染，并得知他一家租住在平房，生活十分拮据。“患者这么年轻，一定要为他的将来着想。”她既着急又心疼，立即拿出随身携带的 1000 元钱给了他们。

有条件干，没有条件创造条件也要干。行医 70 余年，这就是李桓英的行事风格。

在深入麻风病区的途中，由于山高路险，道路崎岖，她曾经 4 次遇险，2 次翻车，2 次翻船。

她遭遇过最严重的翻车是从翻滚的汽车前窗挡风玻璃甩出去 10 多米，躺在覆盖着厚厚白雪的山坡上昏了过去。连车带人滚至坡底的同志们从车中爬出来，大声呼喊她。她才反应过来连声呼喊：“我在这里！”但是她爬不起来，李桓英歪头一看，雪地上留下一大片殷红鲜血。这次车祸导致她两侧锁骨和 3 根肋骨骨折，头部外伤缝了 7 针。大家都劝她好好休养，她却缠着厚厚的绷带、打着石膏投入了新的工作。

2015 年，已是 94 岁高龄的李桓英，不顾膝关节手术后的行走不便，再次来到云南。一进寨子，那些当年经她治愈的麻风病康复者就像见到了亲人，眼含激动的泪水，扑上来就喊：“李妈妈，您回来了！”他们的子孙听说李桓英回来的消息，也纷纷请假，从打工的城市赶回寨子，只为见上李桓英一面。在他们心中，李桓英就是改变她们命运的“贵人”。

《光明日报》2021 年 8 月 20 日

降伏麻风病　医者践初心

◎ 代小佩

李桓英满 100 岁了。早年，她的足迹遍布世界，后来，她的印记全部关乎中国。

1921 年，李桓英出生于北京，童年时跟随父母在德国柏林生活。她是上海同济大学医学院的本科生，是美国约翰斯·霍普金斯大学的研究生。在世界卫生组织任职时，她多次横跨各洲，为贫穷落后地区防治性病和雅司等疾病而努力。

7 年任期结束后，世界卫生组织希望与李桓英续签 5 年合同。而李桓英全家已经移居美国，亲人希望她留在身边。不过，这两个选项都被李桓英排除了。

李桓英曾在美国杂志上看过关于钱学森的报道，得知钱学森毅然回国时，她深受触动，“时不我待，作为中国人，我很渴望回到祖国的怀抱，想把我最好的年华奉献给祖国”。

于是，她瞒着家人，绕道伦敦，几经周折后终于回到新中国。这一年是 1958 年，她 37 岁。此后的漫长岁月，她始终无悔最初的选择。

1970 年，李桓英在江苏第一次见到麻风病患者。他们有的脸部毁容，有的手脚畸形，有的皮肤溃烂。由于没有有效治疗手段，麻风病患者往往被赶到偏僻之地，抱团取暖或自生自灭。

饱受病痛和歧视双重折磨的患者，给李桓英留下深刻印象，她立志要攻克麻风病。1978 年，李桓英被调到北京友谊医院热带医学研究所后，便将全部精力献给了这一事业。

20 世纪 70 年代末，世界卫生组织着手研究一种联合化疗治疗麻风病的新方法，药物配方已完成，但缺乏临床实验。得知这一消息后，李桓英开始在全国走访调查，向世界卫生组织提交了一份关于中国麻风病情况的详细报告，最终获得免费药品和实验项目支持。

带着这批药品，李桓英来到云南省勐腊县的“麻风寨”，劝说这里的每一个麻风病患者服药。

她的到来引来村民一片惊奇：北京来了个女医生，不怕麻风！渴了，她舀起病人家的水仰头就喝；饿了，她大大方方和麻风病患者一起吃饭；病人试探着同她握手，她便拉着手长时间不放。她说：“战士都知道子弹厉害，上了战场不照样往前冲？麻风菌可没有子弹厉害！”

李桓英将国外先进的治疗方法与中国实际相结合，率先开展了服药 24 个月就停药的短程联合化疗和消灭麻风病的特别行动计划，这一方法使全国麻风病患者从 11 万人下降到不足 1 万人，且年复发率仅为 0.03%，大大低于年复发率小于 1% 的国际标准。后来，短程联合化疗法在全球得到推广。

“麻风寨”不会忘记李桓英。经过两年治疗，“麻风寨”的患者全部治愈。1990年泼水节，“麻风寨”摘掉了帽子，作为行政村被正式划入勐仑镇。李桓英为村子取名为“曼南醒”，意为“新生的山寨”。

与麻风病的斗争没有就此停止。1996年，李桓英率先在国内开展消除麻风运动，首次提出麻风病垂直防治与基层防治网相结合的模式，被称为“全球最佳的治疗行动”。

李桓英长期辗转于云贵川等贫困边远地区。前往麻风病区总是山高路险，李桓英曾2次翻车、2次翻船，锁骨和肋骨都摔断过。她在勐腊坐独木舟过河翻了船，被捞上岸后却仰天大笑：我胖得像个皮球，哪里沉得下去？

◎ 李桓英手捧“时代楷模”荣誉证书

2016年12月27日，李桓英加入中国共产党的消息“刷屏”，因为这位新党员已经95岁了。为什么年逾九旬才申请入党？她说，自己以前还不够格，现在应该合格了。在她看来，入党和做研究一样，都是追求真理。医疗工作者就是要尊重事实、尊重科学，服务人民也是党员的基本职责。摸着闪亮的党徽，李桓英说：“如果我能活到100岁，还有5%的人生可以跟党走，为医学事业继续奋斗。等到举行葬礼的那一天，希望我的身上能盖上中国共产党的党旗！”

“我要干到100岁！”98岁时，李桓英依然奋斗在麻风病防治研究第一线，为彻底消灭麻风病而努力。她曾说：“人的一生很短暂，只有拼搏，才是生命的最好延长，而再长的生命只为自己也将毫无意义。”

《科技日报》2021年8月20日

2022

最美巾帼奋斗者

尹建敏

尹建敏：高原玫瑰别样红

尹建敏，1960年8月生，满族，辽宁丹东人，大学学历。兰州鑫源现代农业科技开发有限公司董事长，全国第十二届妇女代表，甘肃省第十二届、十三届人大代表，临夏州政协第十二届委员，兰州市第十五届人大代表，兰州市第十六届人大常务委员会委员，东乡县政协第十三届委员，中国农产品流通经纪人协会副会长，全国工商联女企业家商会常务理事，中华慈善总会理事，甘肃省工商业联合会（民间商会）副会长，兰州市工商业联合会（总商会）副会长，兰州市慈善总会会长。荣获全国三八红旗手、全国劳动模范、全国脱贫攻坚奖奉献奖、全国民族团结进步模范个人、全国五一劳动奖章、中国好人、全国百名优秀志愿者、全国慈善会爱心企业家，其家庭被评为第一届全国文明家庭、全国五好文明家庭。

她走入大西北高原，勇闯清洁能源产业，为一户户贫困家庭提供温暖港湾；她不忘创业初心，牢记攻坚使命，成功探索出工业反哺农业、农业产业带动精准扶贫的发展模式；她铭记党恩、跟党走，从脱贫攻坚积极步入乡村振兴，走出一条符合企业实际、科学有效、特色鲜明、村企融合的产业发展之路。

响应西部大开发，在兰州创业扶贫帮困

2000 年，响应西部大开发号召，尹建敏怀揣着“为大西北做点事”的梦想，来到甘肃投资天然气产业，成立兰州市红古区鑫源天然气有限公司，在当地政府的大力扶持下，产业很快有了一定规模。这个时候，她可以选择继续投资做大做强天然气产业，也可以多元化经营开辟新的领域，但她没有这么做。第一次到甘肃时见到的贫困情景震撼了她，做好企业帮助困难户的想法始终萦绕在她的心里。

尹建敏在公司成立鑫源志愿服务队，公司项目在建期间，她走遍甘肃、青海两省交界的 200 多个村子，遇到病人、贫困群众和上不起学的孩子都会援手相助。20 年来，她一直不忘来甘肃时的初衷，截至目前，尹建敏累计为社会公益捐助资金达 2400 多万元。

致力脱贫攻坚，产业扶贫展巾帼风姿

在一次次的帮扶中，尹建敏逐步体会到：帮助一个人是善，帮扶一个群体才是慈善。但个人的力量毕竟有限，必须通过产业带动，才能管长远、管根本。2014 年尹建敏将所有工商资本投入农业产业，成立兰州鑫源现代农业科技开发有限公司，以食用菌培育、有机果蔬种植、种羊肉羊繁育养殖、多肉花卉培育为主要产业，开展面向困难群众的帮扶工作。

为助力甘肃打赢脱贫攻坚战，尹建敏又将帮扶力度倾斜到当时

的深度贫困地区临夏州东乡县和定西市漳县。她主动与当地政府对接，一次又一次走入当地 9 个乡镇 40 多个村，在群众急难愁盼的问题上寻找帮扶方向。8 年来，累计行程近 60 万公里，结合当地实际情况，按照“一村一策、一地一案”的原则，创新发展出党建引领“龙头企业 + 乡镇 + 行政村 + 基地 + 农户”扶贫模式，为打赢脱贫攻坚战奉献智慧和力量。

她制定了“三个明确、四个支撑、五个落地”的扶贫战略，先后投资 1.8 亿元，成立东乡县伊东羊业科技开发有限公司、东乡族自治县伊森食用菌科技开发有限公司、漳县鑫源菌业科技开发有限公司 3 家专项扶贫企业。截至 2020 年年底在东乡县建成 430 亩肉羊繁育场，为建档立卡贫困户投放种羊 2.1 万余只，带动 8 个乡镇、12 个行政村、6 个养殖专业合作社开展规模化养殖。建成 200 亩黑木耳菌棒加工及种植基地，吸纳 350 多名东乡族妇女就业。打造甘味、纯绿色兰州高原大樱桃、葡萄品牌，并获得全国金奖；打造甘

◎ 尹建敏到养殖户家中回访肉羊养殖情况

味“东乡贡羊”、“伊淼”高原黑木耳、漳县“金花池”深山黑木耳等知名品牌，为脱贫产业发展奠定了基础。

2018年10月，尹建敏的兰州鑫源现代农业科技开发有限公司获得“全国‘万企帮万村’精准扶贫行动先进民营企业”荣誉称号，尹建敏赴京领奖。2018年10月20日，尹建敏收到了习近平总书记给“万企帮万村”行动中受表彰的民营企业家的回信，甘肃省只有2位企业家分享到了这份荣耀，尹建敏是其中之一。

尹建敏从朴素的爱心出发，怀抱一颗感恩之心，拿出真金白银和切实可行的扶贫战略，长期扎根大西北深度贫困地区，成立专门的扶贫公司，主动为贫困户垫付启动资本，从产业链源头开始，实施全产业链扶贫，由公司负责最难的扶贫环节，并由公司产业推动和打造市场品牌，进而推动产业良性发展，实现贫困户和贫困地区脱贫不返贫的良性循环。2020年，漳县、东乡县实现了贫困村全部退出，贫困人口全部脱贫。

推动乡村振兴，助力农民早日实现共同富裕

为持续巩固提升脱贫攻坚成效、助推乡村振兴战略加速落地、人民群众早日实现共同富裕，尹建敏铭记党恩、跟党走，积极响应国家号召，立足甘肃农业农村新形势新要求，围绕农业供给侧结构性改革，聚焦农业农村现代化建设的重点产业和领域，积极促进带动当地农业农村经济转型和乡村振兴。

在兰州市红古区红古镇金砂台、花庄镇青土坡投资4.5亿元，打造第一、第二、第三产业交叉融合的“兰州现代农业第六产业

园”，搭建农业“新六产”生产生活生态体系。在定西市漳县6个乡镇新建大樱桃种植基地、黑木耳种植基地及年产能1000万袋食用菌菌种菌棒现代化生产加工基地，投产当年预计带动当地1100多户农民增收。

本着“只讲奉献、不讲条件”的原则，尹建敏把农产品全产业链中最容易的“东乡贡羊”饲养、木耳菌棒采摘等分给了农户，把羊种胚胎繁育研发、菌棒研发培养等投入资金大、技术难度大、回收周期长的链条和农副产品销售难题留给自己。她积极利用网络销售平台等形式，宣传地域历史文化、风土人情和产品特色，有效提升消费者的认同感，让乡村特色产品入驻网络销售平台；制作宣传片，大力营造产品关注度，配合中央电视台制作“东乡贡羊”宣传片，并在央视多个频道播出，东乡县和“东乡贡羊”被全国观众关注；加强媒体宣传，扩大乡村振兴产业影响力，在中央、省市各类媒体发表文章30余篇，对甘肃地域和农产品的宣传效果十分显著；组织和参加各类展会推介产品，与东乡县政府共同组织开展“东乡贡羊”北京品鉴会，北京10余家商会和120名社会各界代表参加，取得良好宣传效果。参加第一届丰收节等各类展会60余场次，将农特产品打造出甘味特色农业品牌，为早日实现乡村振兴战略起到引领带头作用。

为全力打造漳县木耳“甘味”品牌，使木耳产业真正成为助力漳县群众增收、助力全县经济社会发展、助力乡村振兴战略深入推进的一张有力“名片”。2021年9月1日，尹建敏新投资11040万元，在定西市漳县新建三岔镇、四族镇、殪虎桥镇等6个乡镇建设黑木耳种植基地208亩，新建三岔镇年产能1000万袋食用菌菌种菌棒现代化生产加工基地占地63亩，新建的1个占地30亩武阳大樱桃种植基地。项目力争3个月建成，投产当年预计带动当地1100多户农民增收。

2021年7月，河南等地持续遭遇超强降雨，受灾严重。尹建敏筹集30余万元的水泵、强光手电筒、头灯、对讲机等物资，驰援河南受灾一线。7月26日，在“万企兴万村”甘肃行动暨“光彩会宁行”活动中，捐款100万元。

2021年10月，甘肃省出现多例新冠肺炎确诊病例，尹建敏第一时间捐款、捐物185万元，助力全省疫情防控工作。同时带领公司百名志愿者送出10648斤新鲜果蔬，并为防疫一线人员煮姜汤，送去温暖。自疫情发生以来，尹建敏先后捐款捐物共计639万余元。

面向未来，尹建敏将带领公司全体员工以习近平新时代中国特色社会主义思想为指引，坚定信心，真抓实干，以高质量的发展业绩，为甘肃特色农产品上行、特色产业发展、群众就业创业贡献坚实力量，推动劳动者、企业、政府多方共赢，让共同富裕早日到来。

甘肃省妇女联合会供稿

奋斗归来，快乐依然

◎ 吴志红

2018 年，国务院发展研究中心公管所企业家调查系统课题组与中国女企业家协会等联合开展了首次全国范围大规模女企业家问卷调查，这份调查得出了一个有意思的结论，女企业家的主观幸福感较强、满意度较高。调查发现，在自我感知幸福方面，女性企业家的整体幸福感较高，感到“幸福”和“很幸福”的占 83.6%，明显高于男性企业家。

我们采访的甘肃兰州鑫源现代农业科技开发有限公司董事长尹建敏，就是这样一位女性企业家。2020 年，尹建敏荣获了全国脱贫攻坚奖奉献奖。她的成就感、幸福感应了这样一句话：心有日月，万物有光。年龄不是她奋斗路上的障碍，奋斗归来，年逾花甲的她，依然是快乐女生。

守初心　知行合一

“昨天赶回丹东老家，坐了一天的飞机。和爸爸吃完晚饭后，晚6点躺在爸爸的床上就睡着了，幸福的一觉。早晨醒来，天已大亮。看到老爸在学习，学习的内容是《毛泽东传》，第2190页至2191页。”

这是尹建敏（微信名：土妞）的一则微信日记，配图是白发依稀的老父亲正在伏案看书。此时，她的老父亲90多岁，而她自己也是有孙子的人了。

一张读书照片，折射出一个人的人生观、价值观，尹建敏得到了老父亲的“真传”，20多年来，她所选择的人生道路，都是在老父亲的家教影响下作出的选择。

她的老父亲是一位党龄超过50年的全国劳模，是他教会了女儿选择有利于人民、有利于民生的事业，并在艰苦创业中寻找人生的快乐。2000年国家西部大开发开始，尹建敏从南方的广东飞到甘肃，建立起了一份环保能源的事业，后来，她又在甘肃建立起扶贫产业并坚持至今。她说这首功，应该归于她的父亲。

20世纪80年代末，尹建敏从辽宁丹东的电力部门辞职下海，直奔广东。当时，全国人民最向往的地方，除了北京，就是广东，广东是改革开放春风最早吹到的地方。党的十一届三中全会过后，改革开放的气息越来越浓，尹建敏远在辽宁，躁动的青春之心早就被深深地吸引过去。

天下父母都希望孩子安安稳稳，老父亲持反对意见。尹建敏告诉父亲，党的改革开放政策越来越明朗，这是跟党走，没错的。最终，父亲默许了女儿的“出走”。

在广东，尹建敏赚到了办企业的第一桶金。2000年，国家西部大开发，尹建敏产生了到西部看一看的念头。

黄河静静流淌，穿兰州城而过。站在兰州的黄河岸边，尹建敏有点难以承受兰州的空气。“空气污染太严重了，老百姓怎么受得了。”

尹建敏考虑到了环保能源产业。接下来，她在甘肃投资了能源项目，这样就干到2014年。而尹建敏事业的新起点就发生在这一年。

之前的一年，发生了一件大事。2013年2月，习近平总书记考察了甘肃东乡族自治县。同年11月3日，习近平总书记在湖南省花垣县排碧乡十八洞村考察，首次提出精准扶贫重要思想。

2014年年初，一位当地领导问尹建敏：“咱企业能不能搞一点精准扶贫项目呢？”

当时的甘肃，可以说是全国最穷的省之一，就连兰州的红古区也穷得响叮当，兰州附近的永登县还没脱贫。

“我也没多想，就说，那我试试吧。”尹建敏说。

不管三七二十一，尹建敏回复得爽快。为什么？尹建敏说：“我还是那个观念，做老百姓喜欢的事、政府满意的事，一定错不了。”

兴产业　埋头苦干

尹建敏拿出了2个多亿，想搞产业扶贫。当时的她想到，甘肃的羊肉好吃，那就挖出羊肉的商业特色来，搞出品牌，提升产业含金量。

尹建敏从养殖着手，在兰州市红古区租了1500亩地来创业。她计划，先拿出500亩地养羊，存栏量要达到5万只。

养了羊，就会有羊粪之类的废弃物，尹建敏又拿出几百亩地来做设施农业，种上樱桃、葡萄、蔬菜等。这样弄下来，加上后端的商业渠道，就形成了绿色产业链闭环。依托这条产业链条，周边1万多人成功就业，尹建敏实现了最初的扶贫承诺。

在种植养殖业方面小试牛刀，尹建敏旗开得胜，对于往后如何更好地发展扶贫产业，她说："我要去啃硬骨头，我想冲锋陷阵，在人生记录中留下记录。"

甘肃的脱贫硬骨头，非东乡族自治县莫属。曾经有"全国脱贫看甘肃，甘肃脱贫看临夏，临夏脱贫看东乡"的说法。2018年，在脱贫攻坚战最为吃紧的时候，尹建敏决定去东乡。

尹建敏戴着产业的"有色眼镜"观察东乡，她看到了稀缺性：贫瘠的大山里藏着2个长寿村；山上居然有8000多种牧草、小灌木之类的植物，其中不乏中草药材；在清朝，东乡羊上供过皇室；东乡族祖祖辈辈牧羊吃羊，羊肉好吃，但产量基本只满足自给，外界想买则供应不了；甘肃羊肉好，但甘肃还没有什么能叫得响的品牌；2013年，习近平总书记到过东乡、谈到过扶贫。

综合考评下来，尹建敏看到了曙光："我可以把那里的羊产业搞起来。"尹建敏兴奋地说，她取了"东乡贡羊"的名字，发展扶贫产业。

尹建敏和她的团队按照"一村一策、一地一案"，设计了"龙头企业+乡镇+行政村+基地+农户"的东乡模式。

尹建敏投资成立东乡县伊东羊业科技开发有限公司，改建那勒寺镇南门村肉羊繁育场，新建果园镇李坪村万只良种肉羊繁育基地，打造"东乡贡羊"民族品牌。

她按照计划给当地群众发羊，建档立卡户每户 4 只羊，3 只母羊 1 只公羊，养成后以高于市场价格收购；开展青储饲料收购，为当地百姓带来一笔收入；每年为村集体经济带来 10% 的分红。截至 2021 年上半年，公司为建档立卡户分红共计 517 万元，共带动 1.1 万多户贫困农民稳定脱贫。

“我想要东乡族女性跟我一样快乐”

在谋划肉羊产业同时，尹建敏还在谋划另一件事情，那就是东乡族妇女的就业问题。

为什么？“我第一次到村子里，她们隔着门缝偷偷看我。有人告诉我，那里的妇女读书少，大多数在家做家务，不爱抛头露面。重男轻女思想严重。我就特别难过，同为女性，她们的日子也太难了。我要带个头，让她们有钱赚，要扬眉吐气，要有地位。”尹建敏坚定地说。

那么，干什么好呢？尹建敏知道，东乡族妇女不方便离开家就业，也不习惯与外界打交道，如何既尊重地方民俗，又能帮她们走出家门挣钱，尹建敏想到了家乡的黑木耳、蘑菇。“是不是能搞菌菇产业？”2018 年，尹建敏筹集了 3800 多万元，成立东乡族自治县伊森食用菌科技开发有限公司。

因为尹建敏的到来，东乡那勒寺镇瓦房村东乡族妇女马安果的人生轨迹发生翻天覆地的变化。

马安果 30 多岁，没有多少文化，2019 年 3 月前，她跟许多姐妹一样，务农、拉扯两个娃娃，基本没出过什么远门。马安果就近

◎ 尹建敏在东乡县食用菌基地查看菌子生长情况

到企业上班后，既有经济收入，也兼顾了照看家里。

刚开始，马安果每月能拿到 3000 至 5000 元的工资。干着干着，勤奋的马安果干到了管理岗。

“有一年，菌场和基地还需要 400 人左右，公司计划春节后再招工。马安果比我还急，过完元旦，她就在微信圈里张罗招工。”尹建敏高兴地说。

现在，马安果夫妻俩都在尹建敏的公司上班，家庭和和睦睦，马安果在家里也说得上话了，她要供两个孩子上大学，说不能再吃没文化的亏。

2021 年 7 月 16 日，在全国“万企兴万村”活动启动现场，我们再次见到了尹建敏。她说，3 年下来，据不完全统计，企业共招收了 300 多名东乡族妇女就业。

“在扶贫这条路上，我把将近 40 年积累的财富都掏出来了，钱包里也没有多少存货了。那儿的妇女对我像对亲人似的，邀请我看她们新建的房子，也跟我开玩笑、照相。我觉得吧，即便我一无所有，也值得。”尹建敏笑眯眯的，眼神活泼，“帮助这么多家庭摆脱贫困，这一生，我也是有故事的女生啦！”

《人民政协报》2021 年 11 月 22 日

土妞“羊”事

◎ 谢志娟　石丹丹

尹建敏这人很有意思。

62岁的她，前一天还是满头深黑小卷，第二天就变成了银色蘑菇头；黛眉红唇、妆容精致，翠绿T恤、鲜艳花裙，大步走在羊圈里很是骄傲地说“我的这些羊啊……”说话间，耳垂上的硕大椭圆耳环一晃一晃……实在是醒目。

尹建敏这人很有故事。从浩瀚大海边的辽宁丹东到沟壑纵横间的甘肃东乡。为什么？图什么？其间，吃了多少苦？挣了多少钱？帮了多少人？乐在其中吗？都是故事。

尹建敏这人获得过很多荣誉。2022年年初，“感动甘肃·陇人骄子”颁奖晚会上，她一亮相，很是亮眼：全国三八红旗手标兵、全国脱贫攻坚奖奉献奖、全国民族团结进步模范个人、全国劳动模范……胸前的奖章闪闪发光、密密麻麻，“这还没戴全呢！”言语间，尹建敏满是自豪。

女企业家尹建敏从东北到华南，从华南到西北，开公司、做公益，助学子、帮孤寡，忙扶贫、助乡村……忙得不可开交，但精气神却一直足足的。微信名为“土妞”的尹建敏说：“一路走来，都是收获。就算有一天我离开甘肃，就算有一天我进了黄土，但我可以说，自己没有辜负这片土地。”

“我喜欢挑战”

大学毕业后，尹建敏回了家乡。熟悉的环境、温暖的家庭、稳定的工作，原是一份稳稳的幸福。

每个人所走的路，很大程度上与性格有关，尹建敏骨子里那股跃跃欲试想要挑战的劲头，使她的人生道路在 28 岁那年转了个方向。

1988 年，改革开放的大潮依然汹涌。尹建敏带着不多的积蓄，只身前往改革开放最前沿——广东。

“并没想好要做什么，就是手里攒了一点钱，想着去闯闯，就去了。”到了汕头，先是找了份出纳工作。但给别人打工，显然不是尹建敏的性格。半年后，她辞了工作，开始自己做生意。在市场的风浪里起起伏伏，“渐渐地，手里有了一些钱”。

1999 年 11 月，中央经济工作会议敲定西部大开发的战略决策；

2000 年 1 月，国务院西部地区开发领导小组在北京召开西部地区开发会议；

2000 年 3 月，国务院西部地区开发领导小组办公室正式成立并开始工作；

……

一系列紧锣密鼓的国家部署，令“嗅觉”敏锐的尹建敏再次作出改变人生航向的决定：到西部去！

“那时，我还从没去过西北。”虽未到过西北，但尹建敏想无论是基础设施建设、生态环境建设还是产业结构调整，都意味着巨大商机，那里应该是一片投资兴业的热土。

想到了就去做，尹建敏收拾行囊来了兰州。“一下火车，特别震惊。从广东到甘肃，感受到很大差距。”这种差距更让她觉得可以做点事。经过一番考察比对，尹建敏决定投资能源项目。经历过挫折，得到过帮助，加上不服输的性格，尹建敏渐渐在西北异乡扎下根来。

在甘肃的一些偏远乡村，她见到了一些贫困现象，也接触到一些贫困人群，“有的人贫困境遇超出我的想象。”火辣爽利的尹建敏悄悄落了泪。“之前做公益就是捐钱，但钱具体用到了哪里、用到了哪个人身上并不是很清楚。”

越是深入甘肃大地，一个念头越是强烈：“我想做些事，面对面帮助需要帮助的人。”思路渐渐清晰，尹建敏拿定主意，“扶贫就是最大的公益。就在这里做扶贫，扎扎实实去做。”

2014 年，54 岁的尹建敏将工作重点逐步转移到养殖业和农业。

喜欢挑战的尹建敏觉得：地域不是限制、年龄不是限制、行业也不是限制。想到了就去行动，行动了才有可能到达。

每一步，看似出人意料；其实，步步心中有数。

“我是一个做事的人”

“我的思维跟别人不一样，我要把老底拿出来做扶贫。”她说，一件事一件事去做，一个产业一个产业去做，要给这片让自己成长和发展的土地一张完美答卷。

做什么产业？什么产业有甘肃特色？尹建敏首先想到了养殖业。

“甘肃的羊肉好吃，我就想着要让甘肃的羊肉走出去。”尹建敏在兰州市红古区拿到 1500 亩土地，计划先拿出 500 亩地养羊。“我们从澳大利亚引进澳洲白种羊、杜泊种羊 560 只，这是甘肃首次从澳大利亚直接进口。”这些漂洋过海，从南半球来到中国西北的羊成为尹建敏新事业的起点。

2022 年盛夏，尹建敏走过位于兰州市红古区金砂台基地的一间间羊舍，目光掠过大大小小的羊，简单叙述着自己几年来的“羊倌”之路。购买土地、引进羊只、引进技术、扩大规模、吸纳就业……渐渐有了规模，“基地现有标准化种肉羊繁育羊舍 45 栋，设计存栏 5 万只，目前存栏 3 万只。”

养羊就会有羊粪，羊粪可以用来种水果蔬菜。尹建敏又拿出几百亩地种蔬菜、种樱桃、种葡萄，“我们种出的高原蔬菜、水果，口感特别好！”无论是说起自己养的羊还是自己种的菜，尹建敏语气里都满是自豪。

一条生态农业之路，渐渐拓展开来。

如今，占地 1700 亩的兰州鑫源现代农业科技开发有限公司以种肉羊繁育养殖、有机果蔬种植、食用菌研发培育、多肉花卉培育、休闲观光旅游为主要产业，加上后端的商业渠道，形成了一条绿色产业链，并带动周边 1 万多人成功就业。一些人的命运得到改变：脱了贫、盖了房、买了车。

尹建敏最初的扶贫心愿，得以实现。

2017年，脱贫攻坚正处在攻坚拔寨、啃硬骨头、涉深水区阶段。接下去要脱贫的人口大多集中在山高路远，自然条件较为恶劣，生存条件较差地区。

已经具备一定扶贫经验的尹建敏决定“哪儿最穷我上哪儿去”，综合考虑后，她选择了临夏回族自治州的东乡族自治县。她走进村庄、走近农户，和干部谈、和农民聊、听老人讲古论今……之后又去了县博物馆，了解东乡县的历史沿革、地形地貌、风俗习惯等。

“我心中的很多个为什么，在一天天的走访中找到了答案：山大沟深、缺地少水、缺少产业。”同时，她也看到，东乡群众有养羊的传统，只是养殖户分散，规模小。摸清这些情况后，尹建敏的头脑中冒出4个字：东乡贡羊。后来又提出“东乡贡羊，天下共飨”的宣传口号，她想：“有一天，我要把这个事做得天下共知。”

在当地政府的大力支持下，尹建敏大刀阔斧地开启了在东乡的扶贫道路。她按照“一村一策、一地一案”的原则，发展了“龙头企业+乡镇+行政村+基地+农户”的帮扶模式，投资成立东乡县伊东羊业科技开发有限公司。羊场建成后，她按照计划给当地建档立卡贫困户每户发放4只羊，养成后以高于市场价格收购。当地群众不仅可以通过种植青储饲料增收，村集体经济每年还能从羊场分红。

2018年，尹建敏又投资3800多万元成立东乡族自治县伊森食用菌科技开发有限公司，新建日产6万袋的黑木耳菌棒加工及种植产业园。

到了销售环节，尹建敏背着羊肉、带着木耳，北京、上海、广州、香港等地到处跑。每到一处，现场做给对方品尝。“甘肃的羊肉好吃啊，白水煮了都香，一点都不膻，不吃羊肉的人都说好吃……”

2017—2019年，脱贫攻坚最关键的时候，3年里，她的2台车跑了60多万公里。渐渐地，“东乡贡羊”的品牌叫响了。

“做梦也想不到，路走着走着，有一天就在黄土地上养羊去了。”尹建敏一边觉得不可思议，一边为黄土地给自己沉甸甸的回馈感到踏实：“东乡贡羊、高原黑木耳产业带动8个乡镇、12个村、6个合作社、1.1万多户贫困农民稳定脱贫。”

屈指一算，尹建敏至今已推出了5个特色农产品品牌：东乡贡羊、“伊森”高原黑木耳、“金花池”漳县黑木耳、鑫源高原大樱桃、鑫源高原葡萄。

尹建敏在朋友圈写道：当选择把金钱回归土地的时候，当选择做一名地道的农民时，收获的是累累果实。“土妞”决定在西北带领农民把农业做出“视觉”，把农特产品做出“味觉”，让甘肃农民活出“我是甘肃人”的骄傲。

回归土地的8年时间里，她每天起早贪黑跑在路上，为春耕夏耘、秋收冬藏而满心欢喜：

——高原上的早晨，我们家的羊儿“咩咩”叫个不停；

——有一天，要让世界知道，最优质的食用菌，在甘肃；

——我们家的葡萄卖得老好了，早上基地采摘，2小时送到客户手中；

——每一次辗转东乡沟壑村落时才知道，离不开的理由，是这里还有一份责任需要履行；

2020年10月，尹建敏获“全国脱贫攻坚奖奉献奖”。

她说，这是新的起点。

“从一个人来，到600人的家”

2000年年初到甘肃时，尹建敏单枪匹马。22年后，她的数家公司共有600名员工，许多农民的处境也因她得到改善。这支队伍分散在不同行业、不同地点，要带领大家向前走，要让大家齐心协力，尹建敏很有信心，“我就是一面镜子，我的精神头永远向上，大家才有信心跟着我干。”

“我要用行动影响他们”。有人领回来8000多元的种羊，宰了吃肉。尹建敏也不生气，她上门做工作：一只羊的肉吃了，只不过饱几天；你把羊养大了成群了，才能天天有肉吃。

有一户农民的孩子有残疾，家里日子不好过。尹建敏动员那家男人去自己的养殖场工作，对方不愿意说太累，更愿意拿上几千元捐款过一天算一天。尹建敏带他到羊场，她跳进羊圈拿起铁锨。她说：“你看，我的钱就是这样挣来的，我为什么要把我一锨锨挣来的钱，送给你撒懒？”后来那人去了农场干活，干得还挺好。

这个总是鲜艳明媚却又强韧的女性，用自己的行动赢得越来越多人的认可。

“我们家招人，总是排队。”尹建敏收到过群众送给她的很多双刺绣鞋垫，她说，“有一天，我要把它们放进鑫源博物馆”。她的内心有一个愿望：“在西北高原缔造一个‘鑫源村’，带着‘鑫源村’的家人们，过有树有果有菜有诗的生活。”

同样身为女人，尹建敏格外关心妇女。在东乡扶贫时，她说：“如果我不把妇女带动起来，我这个脱贫就做得不成功。”结合当地实际，她建起黑木耳养殖基地。又挨家挨户跑，劝当地妇女来基地务工。慢慢地，那勒寺镇的黑木耳种植基地吸纳了380多名东乡族妇女在家门口就业，她还带领大家学文化学技术。鑫源公司位于红古区的金砂台基地，还被命名为“全国巾帼现代农业科技示范基地”。

◎ 尹建敏在东乡食用菌基地和东乡族女工谈心

一个人的力量，是有限的。尹建敏深知“一个民营企业，能发展到今天，最重要一点是跟党走”。公司每周一早7点举行升国旗仪式、定期开展主题党日活动、及时学习国家大政方针、认真学习党史……党建引领、凝心聚力，鑫源公司从最初的3名党员发展到今天有近50名党员，磅礴力量正在源源不断地汇集。

“以后要写自己的故事给儿孙看”

“种得了地、放得了羊、赶得了时尚、牺牲得了自己，帮助得了众人……”尹建敏告诉自己要做一个有骨气、有志气、有底气、温暖阳光智慧的女性，去温暖他人。

看到需要帮助的孩子，她毫不犹豫。给大山里的留守儿童做了十几年的“妈妈”，每隔一年会带孩子们去北京夏令营，去航天城、大学校园参观，去登万里长城，去天安门广场看升旗，她想在孩子心里种下梦想。

有学生需要资助，她立刻伸出援手。那一年，刚到甘肃，去了榆中北山，“一到那儿我就哭了，心里难受。他们喝的是窖水，发稠”。后来，她每半个月会买了肉和菜前去探望村民。听说村里有学生考上了大学，没钱上，她说“我来资助”。从那时到现在，她以各种方式资助过500多名大学生。

20多年了，红古区养老院的老人们习惯了“女儿”尹建敏的定期看望，送衣送被送所需所用、每月带着公司的志愿者与老人们一起热热闹闹包顿饺子，彼此都是抚慰。

2016年5月，“尹建敏慈善基金”设立，设有“爱心助学”“孝亲敬老”“大病援助”“扶贫济困”等项目，这是兰州市首个个人冠名的慈善基金。目前基金已实施各类救助近1000万元。她说：“人这一辈子，成就了别人才能成就自己。”

帮过那么多人，对方是否感恩，尹建敏并不十分放在心上，“决定走这条路，有些事就不要太在意”。

尹建敏坦言，“这么多年我也吃过很多亏，但我不后悔。”一路遇到形形色色的人，她想得开：这就是社会啊，你要站在社会的角度想，你就想通了。

“作为一个民营企业，你挣了钱做什么？不是去花天酒地，而是让更多的人生活得好一些，在这个过程中，你会觉得充实。”尹建敏怎么都觉得，这条路走得值。

一生说短，其实也长；一生说长，其实也短。尹建敏这一天天一年年啊，可真是没虚度。想做什么就去做，坎坎坷坷、鲜花掌声，都经历了或正在经历……所有经历都是财富，所有财富都是人生。

“所有这些经历，成就了我的故事。我就想，以后我要写一本书，给儿孙看。有一天，我能放下来休息的时候，我要写的第一本书的名字，就叫《在甘肃，土妞和羊的那点事》。”

《甘肃日报》2022 年 8 月 18 日

把汗水洒在大西北的巾帼之花

◎ 高文琦

尹建敏，1960 年 8 月生，满族，辽宁丹东人，大学学历，兰州鑫源现代农业科技开发有限公司董事长。

她勇闯清洁能源产业，成功探索出工业反哺农业、农业产业带动精准扶贫的发展模式；她铭记党恩、跟党走，从脱贫攻坚到乡村振兴，走出一条符合企业实际、科学有效、特色鲜明、村企融合的产业发展之路。

实干创业圆梦想

2000 年，尹建敏怀揣着“为大西北做点事”的梦想，来到甘肃省投资天然气产业，成立了兰州市红古区鑫源天然气有限公司。在当地政府的大力扶持下，产业很快有了一定规模。此时，她本可以选择继续投资做大做强天然气产业，或可以多元化经营开辟新的领域，但她始终心怀造福陇原的愿景，做起了扶贫路上的有心人。

她在公司组建起鑫源志愿服务队，走遍甘、青两省交界的200多个村子。截至2022年3月，已累计向社会捐助公益资金2400多万元。

扶贫路上展风采

2014年，尹建敏将所有工商资本投入农业产业，成立了兰州鑫源现代农业科技开发有限公司，以食用菌培育、有机果蔬种植、种羊肉羊繁育养殖、多肉花卉培育为主要产业，开展面向困难群众的帮扶工作。

为助力甘肃省打赢脱贫攻坚战，尹建敏倾力帮扶当时还是深度贫困地区的临夏州东乡县和定西市漳县。她主动与当地政府对

◎ 尹建敏给90后大学生传授养羊经验

接，制定了“三个明确、四个支撑、五个落地”的扶贫计划，先后投资1.8亿元，成立了东乡县伊东羊业科技开发有限公司、东乡族自治县伊森食用菌科技开发有限公司和漳县鑫源菌业科技开发有限公司三家专项扶贫企业。打造甘味、纯绿色兰州高原大樱桃、葡萄品牌，并获得全国金奖；推出甘味“东乡贡羊”、“伊森”高原黑木耳、漳县“金花池”深山黑木耳知名品牌，为产业发展奠定了坚实基础。累计为建档立卡户分红865万元，兑现土地流转费142万元。

2018年10月，尹建敏的兰州鑫源现代农业科技开发有限公司获得“全国‘万企帮万村’精准扶贫行动先进民营企业”荣誉称号。

乡村振兴绘新卷

为进一步助推乡村全面振兴，尹建敏立足甘肃省农业农村发展的新形势新要求，聚焦农业农村现代化建设的重点产业和领域，在兰州市红古区红古镇金砂台、花庄镇青土坡投资4.5亿元，打造第一、第二、第三产业交叉融合的“兰州现代农业第六产业园”，搭建农业“新六产”生产生活生态体系。在定西市漳县6个乡镇建设大樱桃种植基地、黑木耳种植基地及年产能1000万袋食用菌菌种菌棒现代化生产加工基地，带动当地上千户农民增收。

她积极利用网络销售等形式，宣传推广甘肃省特色农产品；与东乡县政府共同组织开展“东乡贡羊”北京品鉴会，并参加各类展会60余场次，打造出甘味特色农业品牌。

此外，尹建敏心怀大爱，在河南暴雨洪涝灾害发生后，筹集30

余万元物资驰援灾区；在“万企兴万村”甘肃行动暨“光彩会宁行”活动中，捐款 100 万元；自新冠疫情发生以来，先后为疫情防控工作捐款捐物共计 639 万余元。

《甘肃日报》2022 年 3 月 8 日

2022

最美巾帼奋斗者

关 欣

关欣：最美巾帼女大校

关欣，满族，辽宁锦州人，1978年9月出生，1999年9月入伍，1997年12月入党，现任海军航空大学某实验室主任、教授。关欣是党的十九大代表、中国科协十大代表，军队高层次科技创新人才工程科技领军人才培养对象、学科拔尖人才，“泰山学者”特聘教授。长期从事信息对抗、信息融合和指挥控制信息系统领域的一线教学科研工作，为国防教育、舰载航空兵战斗力生成和海军信息对抗装备转型作出突出贡献。先后荣立二等功2次、三等功2次，2011年入选国家新世纪优秀人才支持计划，2012年被评为“海军十杰青年”，2013年被评为“全军学习成才先进个人”，2014年被授予全国三八红旗手，2016年获中国科协“求是”杰出青年实用工程奖，2017年获山东省青年科技奖，2018年获首届国防科技卓越青年科学基金资助，2018年被评为海军转型精英人才，2019年被表彰为人民海军70周年突出贡献个人，2021年获中国航空学会冯如航空科技精英奖。

在坚守初心、矢志强军中践行忠诚信仰

关欣出身军人家庭，从小受父亲影响，立志从军报国成为她最大的人生梦想。1999 年 5 月，正值大学毕业生选岗时期，我国驻南联盟大使馆被炸，中国民众群情激愤，作为全优生的她毅然决然地放弃中科院、大连理工大学等单位发来的深造邀请和许多大企业的高薪优厚待遇，坚定选择投身国防，致力于备战打仗最薄弱最紧迫的信息化建设领域，23 年始终不易志向不改初心。在强军事业的召唤下，她深钻细研勇闯创新“无人区”，国防建设最需要什么，她就关注什么，战斗力最缺什么，她就研究什么，从工程技术到作战指挥，从情报处理到战法创新，从信息突破到智能制胜，切实把价值追求对标担当、映照初心。始终铭记习近平主席关于海军转型、舰

◎ 关欣参加中国科学技术协会第十次全国代表大会

载机飞行人才培养的期望重托，特别是加强舰载机人才培养科技供给的重要指示，深稽博考、孜孜不倦，突破了一项又一项技术瓶颈，使我军在广袤的海战场上有了先机制敌的“千里眼”“顺风耳”。作为党的十九大代表，着眼为党育人、为国育才，胸怀国之大者，围绕加快培养高素质专业化新型军事人才，推动航母体系作战能力生成，积极建言献策、贡献力量。作为一名教员，她始终把教书育人视为生命，以师长的身份给予学生关心关爱，没有任何附加条件，不带丝毫利己色彩，与学生和同事相处的时间远超陪伴家人的时间，折射出至纯至真、至深至热的宗旨情怀。因工作成绩突出，29 岁评为副教授，32 岁破格晋升教授。

在勇攀高峰、创新突破中抢占前沿高地

她秉持“立大志、明大德，成大才、担大任”的理想追求，以探究未知、发现新知为己任，面对空前激烈的信息对抗领域制高点争夺，始终保持强烈的使命忧患和责任紧迫，直面问题、迎难而上。针对关切问题，在预警探测、信息对抗短板弱项领域潜心研究、勇于攻坚，创新和发展了目标关联、目标识别理论与方法，实现了理论模型的工程化应用，在新体制辐射源智能识别、快速无源定位等 10 余项关键技术方面取得了重大突破。为解决海战场传感器种类数量多、异构信号多、冲突情报多、识别难度大的领域难题，她带领团队创造性地提出了证据冲突度量函数的确定准则和针对证据冲突原因的分类策略，系统构建了冲突证据条件下电子侦察情报的识别推理体系，得到了国家最高科学技术奖获得者王小谟院士、国际

信息融合协会副主席Derzet研究员和国际信任函数及应用协会主席Martin的高度评价。她始终保持谦虚谨慎、不骄不躁的作风，潜心研究、创新求索，把拓展已知边界、开辟未知领域的基础研究作为科技创新的原动力。先后发表学术论文100余篇，其中SCI收录20余篇，EI收录60余篇，已授权国家、国防发明专利8项，出版国家科学技术学术著作出版基金、工业和信息产业科技与教育专著出版基金和国防科技图书出版基金资助专著4部，其中《信息融合理论及应用》获国家第三届“三个一百”原创出版工程奖，《Radar Data Processing with Applications》面向全球非华语地区输出；多项关键技术成果被中国电科28所、29所、电科院、中船重工709所等单位应用到国家重大型号任务中，有效推动了装备功能的突破和性能的显著提高。

在聚力转型、服务备战中锻造打赢利刃

作为全军信息对抗、指挥控制信息系统领域专家，她始终保持“敌情就在当面，战争就在眼前”的警觉，聚焦主责主业，履行强军首责。坚持把部队作战一线需求作为主攻方向和首选课题，带头加强对现代海战制胜机理、航空兵整体转型方向、海上联合作战体系建设与能力生成的研究，主持开展机群协同探测与态势理解、舰载机作战使用研究、多节点感知系统协同定位、态势共享技术研究等多个重大科研项目。坚持把服务部队作为科研指向和创新牵引，在一次全军重大演训任务中，某型飞机突发告警器故障，她得知后第一时间深入部队分析原因、寻求对策，短时间内迅速拿出了改进方

案，有效解决了部队急需。针对某新型作战力量建设中信息攻防体系构建的紧迫需求，她主动请缨、深度挖掘，从安全保密体系、内部网、电磁场等方面提出了该型作战力量网络空间安全重大问题的测评方案，为构建相关信息坚盾奠定了基础。坚持把预研预置作为制胜未来战场的关键抓手和重要载体，积极参与新型飞机研制，预先开展关键节点信息交互、协同、支援等关键技术攻关，一大批原创性成果得到应用，产生了重大军事效益。近年来，科研成果获国家科技进步二等奖 1 项，军队科技进步一等奖 2 项、二等奖 2 项、三等奖 2 项。

在潜心治学、匠心育人中培养胜战之才

她始终把为战育人作为最重要的职责和教员的价值所在，任劳任怨耕耘三尺讲台，甘做提携后学的铺路石和领路人，用忠诚和担当谱写新时代女教员在强军路上奋勇突击的青春之歌。注重用军事需求牵引课堂教学，及时把参加重大演训活动的实践收获、科学研究的创新成果、服务部队的经验体会、未来科技的前沿知识融入教材、带进课堂，提升了教学的高阶性、创新性和挑战度。注重加强教育理论创新研究，瞄准新机型平台装备运用和空中战勤军官的能力需求，以多项重点军事理论研究课题为牵引，积极推进教学改革和教学方法创新，有力推动了人才培养供给侧与战斗力需求侧精准对接。注重把思政内容融入课程，既教知识、教本领，又引导学员探索未知、追求真知，既用真理力量感召学员、赢得学员，又用人格魅力感染学员、引领学员，辛勤的付出使她被学员们评为“最受

欢迎的教员”。近年来，她先后完成研究生、本科生等 3 个层次、7 门课程、70 多个班次的教学任务，独立指导博士研究生 7 名，硕士研究生 18 名，指导的学生先后获山东省优秀学士论文奖、全军优秀硕士学位论文奖、山东省优秀博士论文奖、全国研究生数学建模竞赛一等奖。

山东省妇女联合会供稿

为海上战场打造“信息尖兵”

◎ 刘泽帅　陈　超　张　强

要打赢未来海上信息战争，需要配备哪些电子侦察与反侦察、干扰与反干扰技术，这是我和团队成员研究的方向。我们就是要让电磁波以及无数由 0 和 1 组成的“战士”，在海上信息对抗的战场上化身无形“尖刀”，直刺向敌人的心脏。

——关欣

“中华儿女多奇志，不爱红装爱武装。”用这句话来形容海军航空大学教授关欣最合适不过。

关欣举手投足间透着一股军人的干练和果敢。采访中，她对科技日报记者说：“要打赢未来海上信息战争，需要配备哪些电子侦察与反侦察、干扰与反干扰技术，这是我和团队成员研究的方向。我们就是要让电磁波以及无数由 0 和 1 组成的‘战士’，在海上信息对抗的战场上化身无形‘尖刀’，直刺向敌人的心脏。”

前不久，关欣被全国妇联授予 2021 年度全国三八红旗手标兵称号，这朵绽放在强军方阵中的“铿锵玫瑰”成为公众关注的焦点。

顶住压力提出新算法

1999年，我国驻南联盟大使馆遭到轰炸。这一事件影响了很多人，当时即将本科毕业的关欣就是其中之一。

同年，关欣放弃了中国科学院的保研资格，选择进入海军航空工程学院（海军航空大学前身）成为一名军人。“这里有我向往的事业，能够为国防事业添砖加瓦，我无怨无悔。”她回忆道。

即便已经过去多年，可关欣还清晰记得自己的研究项目第一次被专家认可的那一天——

因为突出的工作能力，关欣被选为全军某电子对抗平台型号项目负责人。在一次方案论证会上，由资深专家领衔的总师组倾向使用原理简单、计算速度快的经典算法。关欣却不认同他们的看法，她认为经典算法不适用于新体制雷达的识别系统，难以满足现代海上作战需求。因此，从实战角度出发，必须敢于创新，探索新的技术手段。

一石激起千层浪。作为信息技术领域的新人，直接反对行业专家的意见，关欣承受了巨大的压力并受到质疑。

为证明自己的想法，关欣白天推演实验、晚上研究完善方案，经过60个日夜的奋战，她提出了3类全新的计算方法。

“正是关欣的坚持，让我们的平台性能远超预期！”结题时，两位总师向关欣竖起了大拇指。

“只有敢于走前人没有走过的路，才能实现创新和超越。”关欣告诉记者，年轻人需要前辈的帮助，但不能过于依赖前辈，在高新科技领域尤为如此。

入伍 23 年，关欣先后发表学术论文 100 余篇，获国家科技进步二等奖 1 项、军队科技进步奖 6 项，多项核心技术研究成果在装备研制中获得应用，有效推动了装备功能的突破和性能的显著提升。

昼夜奋战解决告警器故障

“只有攻关难题，才能实现真正的突破！”这是关欣的座右铭。

为解决某型平台对同一态势不同信源冲突的难题，关欣带领团队成员刻苦攻关，创造性地提出了证据冲突相关数据的确定准则和针对证据冲突原因的分类策略，系统构建了冲突证据条件下的某项推理体系，被国际信息技术权威专家称赞为“证据推理领域的重大突破”。

◎ 关欣参加 2019 年智能态势感知前沿论坛

但关欣并不满足。她清楚，作为一名军人，唯有将科研成果应用在一线部队，把满足部队一线需求作为科研立项的主攻方向和服务部队的首选课题，才能不辜负国家和军队的重托。

一次一线部队作战训练中，某主战机型因告警器故障出现重大险情，训练任务随即停止。关欣接到上级通知，第一时间领受任务，召集团队骨干成员，立刻前往部队实地开展调查研究。

通过与飞行员、机务人员交流，关欣了解了故障基本情况。为了更直观地了解故障现象，收集故障数据，在与部队同志短暂研讨后，她决定开展地面试验。从试验方案设计到测试设备研制，从数据读取到算法检测，关欣全程参与了每个环节，一丝不苟地检查了每一步操作，不厌其烦地进行调试、检测、分析……

收集完最后一组数据已是深夜，然而工作并未停止。

短暂休息后，关欣连夜带领团队成员开展数据整理和分析研讨工作。军营的夜格外静谧，但会议室里的讨论却特别热烈。时间一点点流逝，门外的哨兵换了一班又一班……

“就是这里的问题了！”关欣和团队成员终于确定了故障的原因。此时，太阳已渐渐升起……

回到学校后，关欣又带领团队成员集智攻关，第一时间拿出改进方案，并提出了新的技术方法，告警器的问题迎刃而解，部队的训练任务也得以恢复。

“实验室连着海战场，院校是部队战斗力的重要技术支撑。只要对战斗力建设有帮助，再硬的骨头也要啃。”关欣指着一沓厚厚的调研报告说。

近几年，针对军委、海军关切的军事训练问题，在相关建设领域，关欣创新并发展了目标关联、目标识别理论与方法，实现了理论模型的工程化应用，在信号识别、目标定位等10余项关键技术领域取得了重大突破，为部队战斗力建设提供坚实的技术支撑。

以实战标准培育海战精英

为战育人是军校教员重要的职责和价值所在。“脱离战场讲授技术原理，教不出能打胜仗的学员。”关欣说。

专业课内容枯燥，为了激发学员的学习兴趣，她经常利用参加重大演训活动的机会深入部队，收集各种图表、数据、案例等新装备资料，坚持把专业知识和军事运用相结合，实现课堂与战场的无缝对接。

某年夏天，为了采集科研项目所需的雷达数据，关欣奔波于大山深处的多个观通站。一天，从某山顶观通站下山时，一场雷雨袭来，由于山路湿滑，她一不小心摔倒在地，身旁就是数百米深的山谷，让众人惊出一身冷汗。然而，关欣却笑着擦了擦身上的泥，继续朝下一个雷达站出发。

利用采集到的原始数据，关欣和团队成员成功研制出某型数据系统，其投入使用后，部队官兵赞不绝口。这样的科研经历也成了她课堂上的案例。

“听关教授讲课，就仿佛看到了真实的战场。”一位学员说。

关欣善于为部队“把脉”，更清楚如何给学员“进补”。一次雷达数据处理课程间隙，学员们问：“关教授，我们将来到部队懂装备操作不就行了，还用得着把内在原理了解那么透吗？我们又不去搞科研！”

关欣说：“只有把基础理论掌握扎实，才能够触类旁通；只有把基本原理理解透彻，才能领悟改型的妙处，才能更好适应装备的快速发展。”

在学员眼中，关欣很较真儿，论文中小到标点符号、大到逻辑结构，她都会作出批注。她更能从学员的行文用字中，敏锐地察觉到可能出现的倾向性错误。“未来战争的胜负，或许就掌握在这些学员手里，绝对不能马虎了事！”她说。

《科技日报》2022 年 4 月 25 日

教研一线绽放别样精彩

◎ 朱晋荣　蓝明朝　钱晓虎

战地玫瑰生长在硝烟弥漫的土地，它耐得住干旱，忍得了严寒。海军航空大学某实验室主任、教授关欣就像战地玫瑰一样，向下扎根、向上生长，绽放在教战研战一线。

博士毕业那年，许多科技公司向她抛来了橄榄枝，但她最终选择到军校任职教员。钻学海、破难题，关欣全身心都扑在科研事业上，凭着一股韧劲，她很快成为团队核心，并提前晋升为教授。

因工作能力突出，关欣被选为某电子对抗平台型号项目负责人。在一次方案论证会上，由资深专家领衔的总师组倾向使用原理简单、计算快速的算法。关欣却认为科研不能一味求稳，要敢于探索才能实现真正的超越，而传统算法难以满足某新型装备的需要，必须另辟蹊径。

顶着巨大压力，关欣把自己关在实验室里，白天进行演算查找问题，晚上调整公式复盘试验。奋战 60 个日夜，关欣提出 3 种全新的计算方法，大大提升了计算结果的可信度。结题时，两位总师对这位年轻女将的成果赞不绝口："正是她的坚持，使我们的平台性能

◎ 关欣带领学员在实验室里学习研讨

远超了预期。”

关欣常说，课题贴近了实战，思维不能还停留在课堂上。一次，某部在使用新装备时发现问题。为了观察故障现象，关欣登上战机参与任务全过程。在颠簸的机身里，她强忍着身体不适，记录下各类数据，终于找准故障的症结。

每次从部队调研回来，关欣都要将最新的战术战法讲给学员听，给学员补上“实战”这门课。学员们都说关教授的课堂不光有书墨香，还有“硝烟味”。

入伍 23 年，关欣先后荣获国家级、军队级奖项 10 余项。曾有人问她：“这些荣誉里面你最中意哪个？”关欣指着学员们颁给她的“最受欢迎教员”的荣誉说：“教育是一棵树摇动一片林，让更多学员拥有制胜的翅膀，是我一生不懈的追求。”

《解放军报》2022 年 3 月 9 日

携笔从戎守初心，“电子尖兵”纵横海战场

科技兴则民族兴，科技强则军队强。关欣投身国防事业 23 年，为推进海军电子信息化建设、打赢未来战争贡献智慧和力量，成为军队高层次科技领军人才。

眼前的关欣，身材高挑，英姿飒爽，目光清澈，即便不穿军装也有着一股扑面而来的飒劲儿。她奋战在没有硝烟的电子战场，探索在信息对抗技术的最前沿，不断擦亮和畅通我军在广袤海战场上先机制敌的“千里眼”“顺风耳”。

携笔从戎守初心

1999 年 5 月 8 日，以美国为首的北约派出 B-2 隐形轰炸机对我国驻南联盟大使馆发动了空袭，5 枚联合直接攻击弹药从天而降轰炸大使馆，导致我国 3 名记者不幸殉难，数十名工作人员受伤，大使馆建筑严重损毁。

彼时，辽宁大学通信工程专业全优毕业生关欣，刚刚获得中科院沈阳自动化所的保研名额。从电视里看到了这条新闻，触目惊心的画面让她深感愤怒。苟利国家生死以，岂因祸福避趋之？她当即决定放弃“前途光明”的中科院，毅然选择海军航空工程学院（现海军航空大学）信号与信息处理专业，穿起湛蓝、笔挺的海军军装，成为一名驰骋军事科技战场的军人。

体能达标训练通常是磨炼军人意志的第一道门槛，让关欣最难忘怀的“体能训练”却是另一种方式——背运文献。20多年前，没有互联网搜索引擎和电子文献信息库，导师告诉关欣，很多重要的文献资料要去北京才能找到。开学后的第一个寒假，关欣迫不及待地坐上绿皮火车，几经辗转，走进清华大学图书馆，复印了几十斤重的文献。背着沉甸甸的“知识”，她又来到国家图书馆，复印了很多当时少有的专业外文书籍和期刊。之后她又去了国家信息中心，那里有国外解密的国防科技报告。一圈下来，她肩背手提数十公斤重的资料，肩膀和手掌被勒得生疼，内心却异常欢喜和踏实。满载“洛阳纸”而归，关欣一头扎了进去，从那时起，室友再也没有在熄灯之前看到她回宿舍。每天她都是一个人在教室挑灯夜读到凌晨两三点，直到眼睛累得泪流不止，依然不愿停下来。

电子战场立奇功

走上工作岗位的关欣很快就被确定为某电子对抗平台型号项目的负责人。如何打赢未来海上信息化战争，这是她和团队成员主攻的研究方向。“我们就是要让电磁波以及无数由0和1组成的‘战士’，在海上信息对抗的战场上化身无形‘尖刀’，直刺敌人的心脏。”

在一次方案论证会上，由资深专家领衔的总师组倾向使用原理简单、计算快速的算法，关欣却不大认同，她大胆提出经典算法不适用于新体制雷达的识别系统，难以满足新时代海上作战需求。她认为从实战角度出发，必须敢于创新，探索新的技术手段。作为信息技术领域的新人，直接反对行业专家的意见，关欣承受了巨大的压力。为证实自己的想法，她白天推演实验、晚上研究完善方案。经过60余个日夜奋战，最终提出了3类全新的计算方法。“正是关欣的坚持，让我们的平台性能远超预期！”两位总师向关欣竖起了大拇指。项目成功结题时，关欣从容地在论文里写下自己的初衷：“该方案不是停留在仿真的平台，而是站在了理论创新结合现实应用的高度，使建立的模型更加合乎实际，这样才更具可行性和应用价值。

32岁的关欣被破格评聘为教授，那一年全军范围内被破格晋升的教授一共才3人。“合乎实际”是她常对学生强调的学术原则，她

◎ 关欣带领学员梳理研究工作进展

的实验室始终连着海战场。“国防科技最怕纸上谈兵，纵使在计算机里运算的模型再好，打起仗来不实用甚至不能用，这个研究就没有任何意义。”

她经常利用参加重大演训活动的机会深入一线作战部队，收集各种图标、数据、案例等装备资料。有时坐着预警机扶摇直上九万里，在同行的科研人员觉得“眉毛都被挤到脑门顶上”，眩晕得无法工作时，关欣还能速读各个任务台的数据，大脑同时飞速运转。她把在实训战场中捕捉和打捞到的各类“新鲜”信息带回实验室继续观察研究，让科研始终不离“实战”。

近几年，针对中央军委、海军关切的军事训练问题，她在10余项关键技术领域取得了重大突破，为部队战斗力建设提供了坚实的技术支撑。

潜心治学育良才

在成为教授后的10多年里，关欣先后承担了博士生、硕士生、本科生3个层次7门课程、70余班次的教学任务，且总有新的课程增加。教师的首要工作就是教书育人，生完女儿仅3个多月，她便站上三尺讲台。由于身体还没完全恢复，冬天下雪路滑，她说在学校的坡路上摔得“差一点就领了残疾证”。

很多基础性的大课，有的老师可以几十年用一套讲义，可关欣不弄点“新鲜的”不会罢休。“也有人问我这样折腾不累吗，可做科研的乐趣不就是在于不断归零、永远创新吗？”

关欣的实验室有一个不成文的规定，博士毕业的门槛要比学院要求的再高一截。未来战争的胜负，或许就掌握在这些学员手中，绝对不能马虎了事。曾有一个研究生，原本12月答辩，却因一个不错的工作机会，需要6月毕业才可能争取。按照学校要求，她可以提早答辩毕业，于是尝试征得关欣的同意。关欣当场给了她两个选择：“要么换导师，要么别放寒假，加班加点做实验、写论文，争取提前毕业。”面对导师的不通融，女生流着眼泪选择了后者。关欣口气缓和下来，对她细细叮嘱：“第一，和家人好好解释不回家过年的原因；第二，一天三餐要按时在食堂吃，不要占用自己的时间做饭；第三……”生活上的事情嘱咐完，关欣转头又给这位学生的丈夫打电话，叮嘱对方这段时间要多理解妻子、支持她的学业。

最终，这位研究生在“盲选”来的7位老师面前顺利通过答辩，而且是同期毕业博士生中取得成果最多的一人。严师出高徒，参加工作后，该女生一路“开挂”，年纪轻轻就被评为高级工程师，她第一时间给关欣打电话报喜。“听到学生们的好消息，比自己获得荣誉都高兴，这是当老师独一份的幸福。”

关欣和她的学生一起，先后主持多种新型号装备科研项目10余项，每一次她都把聚光灯移到年轻人的身上，鼓励他们多汇报多展示。课题经费充足的情况下，她会主动帮助有创意的学生“概念落地”。在她的项目组里，不仅学生们压力越大越有干劲儿，连快退休的老教授都觉得每天“很有奔头”。

强军之道，要在得人。“未来5年，我们将瞄着建军100年奋斗目标持续努力，为军队培养更多的高素质科技人才助力，是我义不容辞的使命与担当。”关欣目光坚定地说。

学霸妈妈的学霸女儿

上初中的女儿个头已经赶上了关欣，看着亭亭玉立的女儿，她总有一种恍惚感，仿佛昨天她还在幼儿园，一眨眼的工夫就成了大姑娘。关欣自责给予孩子的陪伴太少，女儿成长的10年正是国家实施科技强军战略的10年，重大国防科研项目一个接一个，事业进入了停不下来的快车道。

疫情防控期间，关欣在家的日子多了起来，她原本想这下可以好好补偿一下女儿了，可干什么都雷厉风行的妈，面对做事慢半拍的女儿，脾气来了，在部队，这叫“作风散漫”，坚决要不得。于是她在女儿面前不自觉地变成了一个严厉的军队教官，女儿看着眼睛瞪得溜圆的妈妈一时摸不着头脑，母女间对抗起来。对女儿的教育，关欣第一次感到“无解”，跑到教子经验丰富的朋友家“解惑”，朋友笑她过于紧张，不必和刚上初中的孩子较劲。关欣冷静下来，谁说不是呢，女儿做好自己就行了。

也许是遗传了妈妈强大的学霸基因，女儿的学习成绩始终名列前茅。关欣告诉女儿，“妈妈在乎的并不是成绩排名，而是希望你能够在成长、成才的过程中保有对学习真正的热爱和探索学习的能力，蹚出属于自己的学习方法。毕竟，学会学习、热爱学习才是教育的本质”。

《中国妇女》2022年第9期

2022

最美巾帼奋斗者

胡海岚

胡海岚：揭开抑郁症的秘密

胡海岚，浙江大学医学院脑科学与脑医学学院求是特聘教授、浙江大学教育部脑与脑机融合前沿科学中心主任。毕业于北京大学和加州大学伯克利分校，冷泉港实验室博士后。2008 年放弃国外教职，回国在中国科学院上海生命科学研究院神经科学研究所担任研究员和博士生导师。2015 年加入浙江大学。回国后她专注于脑的高级功能及相关疾病的研究，在情绪的神经编码、抑郁症发生的分子机制及社会竞争的神经基础等脑科学前沿方向，取得了一系列既有理论意义又有潜在应用价值的系统性原创成果。

因材施教　铸魂育人

她热爱教育事业，积极推动新型课程建设。在博士生培养过程中，以提高学生分析问题和解决问题能力为目标，培养学生的创新思维和创造能力。热心参与“教授有约”等公益讲座，引导学生高效学习，快速成长。她曾获浙江大学第十届“三育人”教书育人标兵、浙江省“三育人”岗位建功先进个人，并 3 次荣获中国科学院优秀导师奖。

科研创新　成果卓著

她潜心研究，开拓创新，致力于研究社会行为和情绪的神经编码和调控机制，特别是在抑郁症的基础及转化研究中做出了创造性、系统性的成果：发现了社会竞争中“胜利者效应”的脑机制，揭示了后天的经历经验可以通过重塑神经环路来改变先天的弱势；从分子、细胞和系统等多层面对抑郁症这一重大疾病的成因提出了新的阐释，为研发更好、更安全的抗抑郁药物提供了新思路。在国际核心期刊发表重要研究成果50余篇，其中有7篇发表于Nature、Science和Cell，17篇发表于Neuron、Nat Neurosci、Medicine等顶级专业子刊。以唯一通讯作者发表3篇Science、2篇Nature等，受邀在Nat Rev Neurosci、Annu Rev Neurosci、Trends Neurosci等权威神经科学综述杂志对其主攻领域进行评述与展望。Nat Rev Neurosci建刊20周年、Neuron建刊30周年邀请世界神经科学的领军人物撰写专栏文章，她是唯一的中国代表。相关成果也受到科学美国人、法国世界报、英国卫报、人民日报等顶级期刊和媒体的专文报道和高度评价。她多次获邀在世界级会议上进行大会报告，包括四年一次的国际脑研究组织大会、3万多人参会的美国神经科学年会、Gairdner国际奖颁奖大会；组织了包括Keystone在内的多个国际顶级会议。先后获得国家杰出青年科学基金、长江学者、中国青年女科学家奖、谈家桢生命科学创新奖、药明康德杰出贡献奖、何梁何利基金科学与技术进步奖等奖项。胡海岚教授在以下领域作出了国际领先的贡献：

一是揭示抑郁症发生及抗抑郁药物快速作用的分子、细胞及环路机制。抑郁症发病率已经跃居全球疾病总负担排名的首位。学术界以前流行的“单胺假说”认为抑郁症是大脑中化学递质的减少所致。但基于此假说所研发的系列抗抑郁药物均起效缓慢，并只对部分病人有疗效。曾有临床相关研究发现，麻醉剂氯胺酮在低剂量时具有快速、高效的抗抑郁作用，把研究聚焦于氯胺酮的直接分子靶点：NMDA 谷氨酸受体。在此基础上，胡海岚团队另辟蹊径，发现该受体引起大脑中的一个神经核团——外侧缰核过度兴奋，产生特征性的“簇状放电”，抑制大脑中与愉悦感相关的“奖赏中心”，导致抑郁。由此，胡海岚团队以全新的方式，在分子、细胞和神经环路的多个尺度上，对抑郁症核心机制作出了系统的阐释，对“单胺学说”作了重大的修正，并鉴定出多个具成药性的分子靶点，为研发氯胺酮的替代药物提供了科学依据，已申请 9 项专利。其针对氯

◎ 胡海岚（左三）和实验室团队成员在一起

胺酮抗抑郁相关的工作以两篇长文形式在Nature同期背靠背发表。被Nature、Science等专文报道；入选科技部评选的“2018年度中国科学十大进展”；获邀在Nat Rev Neurosci和Trends Neurosci以此为主题发表综述。

二是揭示个体参与社会竞争及“胜利者效应”的神经调控机制。长期以来，缺乏实验范式是竞争行为研究的瓶颈。胡海岚率先开创性地建立了新的动物行为学范式，应用此范式，她的团队发现激活或抑制大脑的前额叶皮层能在不改变肌肉力量的情况下，使动物即时改变对抗时是进取还是退让的选择；反复获胜会长期增强相应神经环路的活动，使动物在今后竞争中的获胜几率增加，即所谓社会心理学所描述的“胜利者效应”。Science杂志评论她的工作：“从概念上推进了在神经环路及细胞水平上对这一问题的认识。”

三是创新单细胞活性双标记技术，揭示奖赏与厌恶对立情绪的神经编码。胡海岚的早期工作原创性地阐述了情绪增强记忆的分子细胞学机制，写入神经科学的经典教科书*Principles of Neuroscience*。回国后开发了单细胞活性双标记技术，在同一动物脑内揭示奖赏与厌恶对立情绪的神经编码，使后续功能研究成为可能。获邀在Annu Rev Neurosci以“奖赏与厌恶”为主题撰写年度综述。

鉴于其出色的成果，胡海岚教授于2019年7月15日获第十二届国际脑研究组织—凯默理神经科学国际奖。该奖旨在在全世界范围内表彰在基础与临床神经科学领域作出杰出贡献的45岁以下的科学家，每两年评选一位。这是该奖自1998年设立以来，首次颁发给欧洲和北美洲以外的科学家。评奖委员会在推荐理由中写道：“胡海岚教授在情感的神经生物学机制这一脑科学前沿领域取得了令人赞叹的出色成果。在发展迅猛、竞争激烈的系统神经科学领域，她参与开发了该领域的尖端技术，并且成果突出、建树卓越。”

走向世界 引领发展

“为世界奉献中国智慧、中国方案，不断走向世界舞台的中央，为人类作出更大贡献。”胡海岚热心学术服务，运用自己的国际学术影响力，致力于在国际上为中国科研发声。胡海岚担任 *Neuron*、*Science Advances*、《中国科学：生命科学》杂志的编委，在全球最大的神经科学学会 SFN 中代表中国担任议程委员会及奖项委员会委员，推选在国际神经药物药理领域作出突出贡献的科学家；在担任议程委员会期间成功地促成大会推选更多来自中国和亚洲的报告人和委员代表。为推介中国神经科学、建立国际声誉作出了贡献。

胡海岚在浙江大学担任神经科学中心的执行主任和新启动的教育部首批前沿中心——浙江大学脑与脑机融合前沿科学中心的主任，主抓人才培养和引进，引导中心聚焦前沿技术与前沿课题，提高了浙江大学及中国科学家在国际上的知名度和话语权。她勤力科普教育，让科学技术走出殿堂，走向社会，用科学知识点燃患者的希望。

胡海岚热爱祖国、为人正直、治学严谨，在学术造诣和教书育人方面都是中国科学家的杰出代表。同时，她作为女科学家的典范，获得了 2019 年度全国三八红旗手荣誉称号。2021 年 9 月 30 日，胡海岚教授因在神经科学（尤其是抑郁症）方面的重大发现而获联合国教科文组织第 24 届杰出女科学家成就奖，她的工作促进了新一代抗抑郁药物的研发。该奖项每年被授予来自世界各个地区的5位女性，以表彰她们杰出的科学成就、卓越的才能、对事业的郑重承诺以及在男性主导领域工作的非凡勇气。

浙江省妇女联合会供稿

在科学面前，不同性别都是平等的

◎杨　娜

“在我之前已有6位中国女科学家获得过这个荣誉，如果借这次机会能够把前辈对我的激励薪火相传，吸引更多的年轻女性来了解科学、热爱科学，产生对科研的兴趣，我想就是这次获奖最大的意义。”这是浙江大学脑科学与脑医学学院院长胡海岚在2022年6月23日举行的“世界杰出女科学家成就奖”颁奖典礼上的获奖感言。

中国妇女报全媒体记者从欧莱雅企业基金会了解到，胡海岚因其在社会和情绪神经科学方面的重大发现，获得了2022年“世界杰出女科学家成就奖”，她是目前全球最年轻的获奖人之一，也是该奖项设立以来第7位中国获奖者。此次颁奖典礼是由联合国教科文组织和欧莱雅企业基金会在联合国教科文组织总部隆重举行的，表彰了3届共15位世界“杰出女科学家”（2020、2021、2022）和30位“最具潜力女科学家”（2020、2022）。这是该奖项自2019年新冠疫情暴发以来首次重启线下颁奖典礼。

49 岁的胡海岚看上去温婉秀丽，但浑身都散发着女科学家那种自信和坚韧的光芒。记者在采访中发现，胡海岚教授这份自信，不仅是因为她出类拔萃的科研成就，更是她从学生时代开始就勇于探索未知新领域的勇气；这份坚韧，来自她不怕失败，屡次跳出“舒适圈”，勇敢开掘脑科学新领域的百折不挠。

从求学到研究，用不断“撞新”
开垦脑科学新领域

1973 年出生于浙江杭州的胡海岚，从小就是学霸，高三时曾获得全国物理奥林匹克竞赛浙江省第三，后被保送进北京大学。胡海岚最开始选的是北大物理系，进校后她从物理系又转到生物系，学习生物化学和分子生物学专业。“我一开始是随大溜选的最热门专业，但是学着学着发现我更大的兴趣是脑科学。”大四时，胡海岚选修了神经生物学课程，读到史蒂夫·库夫勒的《神经生物学：从神经元到大脑》，“对我来说这就是打开了脑科学的大门，当我了解到大脑执行各种复杂的思考功能是通过电信号来传播，而这些信号可以被观察、被记录、被改变。这个认知让我豁然开朗，觉得脑科学未来有太多可以探索的方向。”胡海岚对记者说。

1996 年，胡海岚从北大生物系毕业后远赴美国加州大学伯克利分校继续深造，2002 年她获得加州大学伯克利分校神经生物学方向博士学位，2003 年她进入世界著名生物学实验室——冷泉港实验室进行博士后研究。2008 年 12 月，胡海岚回国进入中国科学院神经科

学研究所，并创建独立实验室；2015 年 5 月，她回到杭州加入浙江大学。

“我关注到日常中带有情绪标签的事件会更容易进入到长期记忆，那么情绪怎么影响学习和记忆？这是我在博士后时的研究方向。”胡海岚向记者介绍。但是，胡海岚建立独立实验室后，她发现在学习和记忆领域已有很多科学家都做了非常深入的工作，而情绪方向还是没被开拓的领域，而且同样重要和有趣。除了情绪以外，很多社会关系和社会互动对情绪和健康也有重要影响。于是情绪和社会行为背后的脑机制就成了独立实验室建立后研究的一个重要方向。

“对科学家来说，如果一个领域相对没有被开垦过，同时问题又有趣和重要，就会吸引他们去研究。另外就是要有潜在社会意义，因为情绪相关的疾病包括抑郁症，目前在社会上影响了很大比例人群。”胡海岚对记者解释她为什么对抑郁症发病机制感兴趣，同时也清晰表明了她的科研态度和选择动力——“最大的成就感来自你是第一个发现了自然未知中某个环节的人。”

年轻和女性科学家的标签一样不应被强调，女性应走出舒适区做自己喜欢和擅长的事

作为科研工作者，胡海岚在日常工作中不会强调也特别不希望强调女性的身份，“因为我们提出的假说、设计的实验和得出的结论，并不会因为我们是女性就会有更高或更低的正确率或成功率。在科学的真相和事实面前，不同的性别都是平等的。”

◎ 在胡海岚（右二）的学生中，女生比例很高

胡海岚向记者表示，“女性的身份”在媒体尤其是自媒体上被强调，正是体现了女性科学家是少数群体的事实。如果有一天女性科学家比例达到 50% 甚至更高时，相信这种性别标签就会自然消失。“我的学生当中女性比例非常高，已高于 50%，某一个时间点甚至到过 70% 或 80%，我认为每一个学生都有各自的优点和特点，我并没有特意发掘和强调女性的特点，男生和女生在我心目中都一样优秀。如果一定要强调或抽离出一种性别特征，本身就是一种标签化行为。”胡海岚说。

人们经常感叹一些科研工作者很年轻就有了很重要的科研成就，对此胡海岚认为，年轻的标签和女性科学家的标签一样，不应该被强调。从科学工作来说，应特别避免急于求成、急功近利的心态。科研有其的规律和时间，有时候会很快，可能一下子就有了突破；但很多时候是非常漫长的，这是没有办法提前预测的。她说：“所以我们要避免去引导大家‘很年轻’‘很快’做出成果和成就，还应该尊重科学自然的规律。”

女生是否适合从事科研？胡海岚结合自身经历建议，女性最重要的是做自己喜欢和擅长的事情，因为从个人和社会的角度来看，做擅长的事情都是效率最高、浪费最小、最有幸福感、也最可能产生成效的。同时，年轻时需要更多去挑战自己，做更多尝试，勇于走出舒适区。“走出舒适区之后，你会发现你的视野变得更宽，储备更广，会为将来的职业打下更好的基础。”胡海岚提醒。

搞科研最重要的素质是韧性，要可以长期耐得住寂寞和挫折

记者在浙江大学教师个人主页上看见，胡海岚带领其团队取得了许多重要创新性研究成果：发现了社会竞争中“胜利者效应”的脑机制，揭示了后天的经历经验可以通过重塑神经环路来改变先天弱势；从分子、细胞和系统等多层面对抑郁症成因提出了新阐释，为研发更好、更安全的抗抑郁药物提供了新思路。从 2012 年至今，胡海岚还获得了何梁何利基金科技与技术进步奖、国际脑研究组织—凯默理神经科学国际奖等各种荣誉。

在胡海岚看来，不管是女性还是男性，从事科学工作最重要的素质就是韧性，百折不挠在科研领域不是比喻而是现实。“我一个朋友的导师说过，如果试验 50% 都是预期结果时，就应该放弃这个课题，它应该不够创新。我们每天 70% 以上的时间都是面对失败或实验暂时不成功，所以韧性的锻炼是科学家的基本功。”

这次巴黎获奖之行，胡海岚觉得最大收获是和其他女科学家们的沟通交流，这15位女科学家，有来自生命科学领域，也有来自计算机科学、化学、工程等领域的“最强大脑”。除了日常在一起参加各种活动，法国科学院还有一个专门环节：每个人向大家分享和交流她们的工作，跨度非常广，从新冠疫苗到黑洞，从胚胎发育到数据加密……

让胡海岚印象最深的分享人是卡塔琳·考里科，她是新冠mRNA疫苗的发明人。卡塔琳出生在匈牙利小镇，在匈牙利读完博士后，又来到美国做博士后研究。58岁时，卡塔琳只身一人去了德国一个只有几十人的小公司工作。因为新冠疫情，卡塔琳一战成名，在法国科学院作报告致谢时，她说：“在我40年的研究生涯当中，没有一个学生，也没有一个博士后，所有的实验都是我自己做的。”胡海岚表示，“从卡塔琳的身上，我们看到了科学家的韧性，而她几十年的研究一直就是围绕她最感兴趣的科学问题。”

在胡海岚身上，不也一直闪现着这种科学家的韧性吗？她读博士期间研究方向是神经发育问题，“博士毕业时觉得这已是非常成熟的领域，包括我的导师在内的科学家们已把这个领域中最重要问题几乎都回答了。如果继续留在这个领域，我可以非常舒适、非常顺手，因为已有很多技术和知识储备。”但是，胡海岚希望对学习记忆和情绪的机制有更深入了解，这个转向是非常大的挑战，很多技术几乎需要从零开始学习，还要做好在博士、博士后的头两年基本是在试错和摸索的过程中度过的心理准备。“在这种情况下，坚持就是韧性的体现，要在比较长一段时间内耐得住寂寞和挫折。”胡海岚回忆说。

胡海岚对记者强调，科研就像不知道终点在哪儿的马拉松，你要调整好自己的节奏，有时候快，有时候慢，有时候有同伴一起，有时候要一个人孤独地坚持。科研的魅力，就是不知道终点在哪儿，但是总能让你充满希望。

的确，正是因为有了无数中国女科研人员前赴后继的不断努力和顽强坚持，才有了胡海岚在获奖感言里所说的情景："中国的女科学家现在正处在一个千帆竞发、百花齐放的时代，在很多领域都有了站在领奖台上的领军人才。"

《中国妇女报》2022 年 7 月 1 日

醉心科研勇攀高峰 用科学点燃抑郁症患者希望

◎ 姚改改

中国女科学家们很厉害，她们温柔、美丽、智慧，她们既可上九天揽月，也可下五洋捉鳖。“获得第二十四届‘世界杰出女科学家成就奖’的胡海岚，是该奖项本届最年轻的获奖者……”2021 年 11 月，在世界顶尖科学家“她”论坛上，中国女科技工作者协会副会长曹晓风高度评价中国女性科学家。

而她着重提到的胡海岚，现为浙江大学脑科学与脑医学学院院长。2021 年，她被授予第二十四届世界杰出女科学家成就奖。这是唯一一个在全球范围内奖励女科学家的项目。

20 多年前，人们对生物的了解还少之又少，生物系已是当时最热门、最难考的专业。被保送北京大学时，胡海岚选择了这个专业，并持之以恒，久久为功。

1996 年，胡海岚从北京大学毕业，获得了生物化学和分子生物学专业学士学位。之后，她收到美国加州大学伯克利分校的录取通知书，远赴重洋求学，一去就是10多年。在美期间，胡海岚获得了生物学博士学位，并进入了世界著名的生物学实验室——冷泉港实验室，进行博士后研究。2008年，在完成科研训练可以独当一面后，胡海岚选择回到祖国，在中科院神经科学研究所组建了自己的团队，并于2015年回到家乡杭州加入浙江大学。

目前，世界上抑郁症患者达到了3.5亿，关于抑郁症的治疗是一个世界性难题，无数相关领域的工作者都在为此而努力。

胡海岚和团队专注于脑的高级功能及相关疾病的研究，并取得了国际领先的创新性研究成果，揭示了抑郁症发生及抗抑郁药物快速作用的分子、细胞及环路机制。她的团队为研发更好、更安全的新一代抗抑郁药物提供了科学依据。

胡海岚和团队的研究成果还包括揭示动物个体参与社会竞争及“胜利者效应”的神经调控机制，揭示了后天的经历经验可以通过重塑神经环路来改变先天的弱势。创新单细胞活性双标记技术，揭示奖赏与厌恶对立情绪的神经编码。

2019年7月15日，国际脑研究组织—凯默理（IBRO-Kemali）基金会宣布：第十二届国际奖的获得者为中国浙江大学医学院神经科学研究中心的胡海岚教授。这是该奖自1998年设立以来，首次颁发给欧洲和北美洲以外的科学家。该奖项每两年才评选一位，含金量极高。评奖委员会在推荐理由中写道：“胡海岚教授在情感的神经生物学机制这一脑科学前沿领域取得了令人赞叹的出色成果。在发展迅猛、竞争激烈的系统神经科学领域，她参与开发了该领域的尖端技术，并且成果突出建树卓越。”

“为世界奉献中国智慧、中国方案，不断走向世界舞台的中央，为

◎ 胡海岚（右二）和她带的博士毕业生在一起

人类作出更大贡献。”胡海岚热心学术服务，运用自己的国际学术影响力，致力于为中国科研在国际上发声。胡海岚担任 *Neuron*、*Science Advances*、《中国科学：生命科学》杂志的编委，在全球最大的神经科学学会 SFN 中代表中国担任议程委员会及奖项委员会委员，推选在国际神经药物药理领域作出突出贡献的科学家；推选了更多来自中国和亚洲的报告人和委员代表。为推介中国神经科学、建立国际声誉作出了贡献。

作为一名科研工作者，胡海岚取得了不俗的成就，而作为一名老师，她同样尽职尽责，积极推动新型课程建设。在博士生培养过程中，她以提高学生分析问题和解决问题能力为目标，培养学生的创新思维和创造能力。并热心参与“教授有约”等公益讲座，引导学生高效学习，快速成长。

她沉醉科研，不断提高中国科学家在国际上的知名度和话语权。她勤力科普教育，让科学技术走出殿堂，走向社会，用科学知识点燃患者的希望。

《中国妇女报》2022 年 3 月 1 日

揭开抑郁症的“密码”

◎ 何冬健

胡海岚“火”了。

北京时间 2022 年 6 月 24 日凌晨，联合国教科文组织邀请她到法国巴黎参加典礼，授予她有着“女性诺贝尔科学奖”之称的“世界杰出女科学家成就奖”，这一奖项每年只颁给全球 5 位女性，此前获此殊荣的 6 位中国科学家均为中国科学院院士。

胡海岚有着不少响亮的名头——浙江大学医学院教授、浙江大学神经科学中心执行主任、浙江大学脑科学与脑医学学院院长。3 个月前，她被授予 2021 年度全国三八红旗手标兵称号。

热闹和光环一起涌向这位 1973 年出生的女科学家。她坦言自己想“再安心做几年科研”，没想到一下子走到了聚光灯下。

“虽然脑神经的奥秘一直是‘未解之谜’，但相信终有一天，基于对精神疾病背后的神经机制的理解与认知，人类能创建解决方案，让精神疾病的患者摆脱痛苦。”在颁奖仪式上，胡海岚真诚地期望着。

揪出抑郁症“元凶”取得重大突破

提及现代社会影响人类生活最严重的精神疾病之一，我们难免要将目光转到抑郁症——这一困扰全球科学家多年的“情绪密码”上。

公众对于胡海岚最深刻的印象，可能也在于她对该疾病的研究。2018年，国际顶尖期刊《自然》上同期刊发她与团队的两篇长文，在学界引起轰动。通过对化合物氯胺酮的研究，团队在揪出真正导致抑郁症的“元凶”这个问题上取得了重大突破，为研发新型抗抑郁药物提供了多个崭新的分子靶点。有科学家评价，这项研究“突破世界性难题”。

“大脑当中有一个很小的核团，它在介导负面情绪当中起了非常大的作用，我们也把它叫作大脑中心的‘反奖赏中心’。”胡海岚说，团队发现在抑郁状态下，这个小核团内的活动产生了异常，或者说是进入了特别高的放电状态。而这样的一种“反奖赏中心”的过度激活，它的后果就是对大脑奖赏中心的过度抑制，而奖赏中心是产生多巴胺、五羟色胺这些核快感、心快感，以及奖励感受相关的化学物质的源泉。所以这可能是人进入抑郁状态的原因。

同时团队也发现氯胺酮能够快速起效，是因为它能够很快地阻断“反奖赏中心”过度的放电或者过度的活化状态，从而起到一个开关的作用。在这个过程中，他们还发现了两三个新的不同的分子靶点，它们可以作为潜在的抗抑郁药物的靶点。

“我们基础研究其中一个重要的意义，就是发现氯胺酮不是团队做转化应用唯一的选择。”胡海岚说，所以团队目前的研究跟应用相关的方向有两个，第一个方向是跟国内外其他的实验室合作，希望对氯胺酮在分子结构上进行改造，保留它抗抑郁的作用，去除它的成瘾性或其他的副作用。第二个方向是做靶点的拓展，至少有一个分子靶点和氯胺酮的靶点都是在同一个通路里面起作用。

“我们预测阻断这个靶点之后也会有抗抑郁的效果，针对这个靶点临床上现在已经有药物治疗别的疾病，我们两三年前已经和临床团队开始了合作，用老药新用的思路来治疗抑郁症。”胡海岚说。

保持童心与执着
这正是成功的奥秘

“与其他女科学家的交流，是我这次巴黎之行最深刻的记忆。”胡海岚说。

由于疫情，2022 年的颁奖典礼累积了 3 届获奖的 15 位女科学家。这些来自世界各个领域的“最强大脑”，甫到巴黎就受到了热烈的欢迎。

法国科学院为她们设计了一个专门的环节，邀请每位获奖的女科学家向大家分享和交流她们的工作。从新冠疫苗到黑洞，从胚胎发育到数据加密，在极其广阔的跨度中，这场盛宴令胡海岚“非常享受”。几天相处下来，她还与其中的几位成为很好的朋友，有了科学上合作的可能性。胡海岚笑眯眯地告诉记者，这是此行最大的收获。

◎ 胡海岚（右二）和来自其他国家的女科学家在埃菲尔铁塔前合影

一位“朋友”非常特别。在法国科学院作报告的致谢环节，匈牙利裔美籍生物化学家卡塔琳·考里科说：“其他人都会感谢学生，感谢博士后，但是在我40年的研究生涯当中，没有一个学生，也没有一个博士后，所有的实验都是我自己做的。”

这位mRNA（信使核糖核酸）新冠疫苗技术的奠基人之一，大部分时间都与各种挫折为伴。卡塔琳从小在生物方面就特别有兴趣和天赋，小学时就自己坐火车去布达佩斯参加匈牙利全国生物竞赛，获得了第三名的好成绩。但到美国工作后，很长一段时间，她都是在“写经费申请—被拒绝”的循环中度过，甚至多次被解雇。在58岁的时候，她只身一人去德国一家只有几十人的小公司工作。后面的故事大家都知道了，潜心钻研mRNA疫苗技术近40年后，她在mRNA新冠疫苗的研发上一战成名。

“卡塔琳身上有一种科学家独有的韧性。”胡海岚说，她的故事对自己的触动无与伦比。和卡塔琳聊天的时候，能够感觉到她一直保持了“小女孩的童心和执着”。而这正是科学家成功的奥秘所在。

锻炼韧性
是科学家的基本功

“韧性”一词，在我们与胡海岚的交流中，被她屡屡提及。

在科研领域，百折不挠不是一个比喻，而是现实。胡海岚非常认同一个观点：当试验 50% 都是预期结果的时候，就应该放弃这个课题，因为它不够创新。

因此我们不难理解，在浙江大学紫金港校区的实验室里，胡海岚每天 70% 以上的时间，都在面对实验的失败——或者说是暂时的不成功。正像她说的，“韧性的锻炼也是科学家的基本功”。

日复一日的研究与学习，从没让她觉得科研是一件枯燥的事情。这位高中时代获得浙江省物理竞赛第三名、被保送至北京大学的“学霸”，对科学有着非同寻常的兴趣。“科学家是世界上最好的职业，国家和社会资助着我们，去做自己真正感兴趣的事情。”胡海岚说。

当胡海岚的研究生又是一种怎么样的体验？

一位学生用了一个关键词来形容——“幸福”。“胡老师是我能接触到的人里面最令我佩服的。我佩服她并不只是因为她所获得的成就，更是因为我亲眼看到、感受到她工作的勤奋、对待科研精益求精的态度、对待新知识的好奇，以及她在生活中的自律。”在她研究生的眼里，胡海岚不仅给予自己在科研道路上一个光明的开始，更重要的是给了他们在这条道路上走下去的勇气、信心以及方法。

科研有它自己的规律，有时候可能一下子就有了突破，但很多时候是漫长的探索。胡海岚认为："科研就像不知道终点在哪里的马拉松，你要调整好自己的节奏，有时候快，有时候慢，有时候有同伴一起，有时候也要一个人孤独地坚持。虽然不知道终点在哪里，但总能让你充满希望。"她是这样告诉学生的，也正是这样在做的。

《浙江日报》2022 年 6 月 27 日

2022

最美巾帼奋斗者

卢宇彤

卢宇彤：她率中国超算领跑世界

卢宇彤，1969年8月出生，党员，中山大学计算机学院二级教授、博士生导师，国家超级计算广州中心主任，教育部超算工程软件工程研究中心主任，国家重点研发计划高性能计算专项专家组成员，国际超算ISC Fellow，科技部"创新人才推进计划"重点领域创新团队带头人，国家万人计划科技领军人才，国家百千万人才工程"有突出贡献的中青年专家"，国务院特殊津贴专家，教育部"新世纪优秀人才"，全军巾帼建功先进个人，全国三八红旗手。发表论文100余篇，获得专利30余项，获得国家科技进步特等奖1项、一等奖1项，省部级科技进步特等奖1项、一等奖4项、二等奖6项，省部级教学成果一等奖1项，荣立二等功2次。

坚定信念，深耕国产超级计算机技术，创新突破，勇攀超算科技高峰

卢宇彤长期从事国产超级计算机系统研制，参加过五代银河、两代天河系统的研发，从技术骨干成长为"天河二号"的副总设计

师。在为我国超算事业“从追赶到超越”努力工作的近30年里，她始终坚定共产主义信念和党的领导，把个人的事业发展与中国超算的发展融为一体，忠诚党的教育与科研事业，秉承科学规律，实事求是，创新引领，奋勇拼搏，成功研制了银河、天河系列国产超算系统，广泛应用到国家战略和国防关键部门，为科技强国、科技兴军作出了重要贡献。

她带领团队在面临一系列技术封锁的情况下，通过艰苦攻关，在超算并行软件和应用研究中取得了多项重要创新与突破，具有世界级水平。设计的天河高速互连通信软件系统和并行环境，实现了国际上同期系统的最高性能；设计实现了国内首个PB量级的高性能计算全局并行文件系统，聚合I/O带宽和带宽容量比均达到国际领先水平；优化实现了国内首个百万核的大规模异构超算应用等；为“天河一号”“天河二号”获得世界第一作出了重要贡献。尤其是“天河二号”连续6次夺得世界超算500强排名（TOP500）冠军，打破了美日长期对世界超算头把交椅的垄断，她代表团队连续6次登上世界超算最高领奖台并发言，改写了世界超算的格局。

以应用为中心，坚持自主可控，勇挑建设中国特色的世界一流超算中心重任

我国拥有了世界一流的超级计算系统，但在超算应用方面与美日欧等仍有较大的差距。2016年，卢宇彤毅然将研究和工作重心由超算系统研制转移到超算应用研发推广，出任国家超算广州中心主任，直面国产超算发展面临的重大应用挑战，肩负起建设具有中国

特色的世界一流超算中心的重任。

她将超算中心发展与前沿科学、国家重大战略和区域经济社会发展的应用需求紧密结合，带领团队充分挖掘“天河二号”超算系统的能力，大力拓展超算应用领域，突破了国产超算应用服务化的核心技术，成功构建了一系列面向领域的超算应用服务平台，极大地提高了超算中心的应用服务能力。她坚持自主可控，将应用服务与技术研发并重，推动国产超算的可持续发展。她主持承担了多项国家重点研发计划、国家自然科学基金重点以及广东省基础和应用基础项目，在高性能计算应用支撑环境、新型异构可扩展并行文件系统、超算大数据处理框架以及面向领域应用平台等先进技术领域持续研究并取得突破，研发了国际先进的、具有完全自主知识产权的“星光”一站式融合超算应用平台、世界上性能最高的并行文件和数据管理系统等国产软件，有效支撑高性能计算与大数据、人工智能融合应用，大幅提升中心服务多样化应用的能力。

经过不懈的努力，在国家超算广州中心成功构建了大气海洋环境、天文宇宙科学、新能源新材料、生物医药健康、工程装备设计制造、大数据与智慧城市等领域应用服务平台，支撑一系列重大创新成果的产出，支撑了数千项国家和省部级课题的研发工作，服务用户超过 30 万，遍布全国 34 个省区市，使得国家超算广州中心成为全世界用户数量最多、应用领域最广、影响力最大的超算中心之一。2018 年 11 月，该超算中心入选“世界最具应用影响力超算中心”前五，成为我国唯一进入该排名的超算中心。

发挥超算创新引擎作用，服务科技产业创新，服务人民健康社会民生

在卢宇彤教授的带领下，超算中心自主研发和服务能力大幅提升，围绕国家发展战略，充分发挥超算的科技创新引擎作用。广州超算中心已成为国家和粤港澳大湾区不可或缺的重大科技创新基础设施，支撑了众多关键部门与重点企业的业务系统运行。通过深入了解、主动对接科研、工程、产业的不同应用需求，研发面向领域的超算应用服务平台，致力于各类用户应用向超算系统的移植、改造、优化，不遗余力地进行超算应用的合作推广。全方位地推动基础科学研究方法的转变，提升了研究效率，促进了多学科交叉融合，支撑了地球科学、宇宙科学、材料科学、生命科学等领域世界级创

◎ 卢宇彤在 2020 广东 21 世纪海上丝绸之路国际博览会主题论坛上发言

新成果的诞生。围绕国家创新发展战略，有效支持了航空航天、气象预报、水利、核电、生物制药等领域的一系列工程应用，解决了众多国家和地方发展的实际工程问题。面向地方和区域经济社会发展，促进产业转型升级，在工业制造、生物医药、材料能源、智慧城市等各行业领域推广超算应用并取得显著效益。

她主导并牵头成立粤港澳大湾区超算联盟，进一步实现了国家超算广州中心资源的开放共享，支撑港澳高校和科研机构的科研团队取得世界级的科研工程成果，为粤港澳大湾区科技创新中心建设提供超算动力。中心与各大医院和医学研究院所紧密合作，支持了大规模高通量药物筛选、人工智能医生、癌症组学大数据分析等，推动大湾区的医疗水平尤其是智能医疗持续领先。

近年来广州超算中心承担国家和省市各级重大科研任务超过 60 项，项目经费近 3 亿元，并与国内各领域优势团队合作，共建面向领域的应用软件平台，打造国产超算应用生态圈。在核心技术能力持续提升的支撑下，不断创新运营管理体制机制，近 5 年的超算中心应用服务效益超过 6 亿元，初步形成了自主造血能力，成为国内唯一不用政府补贴的超算中心，优势明显。

乐于奉献，科研育人，全球首位女性 ISC Fellow，彰显国产超算的国际影响力

在世界各国竞相争夺超算制高点的背景下，各国也面临众多共同的问题和挑战，促使全球超算合作、协同设计趋势越发明显。卢宇彤充分发挥自身在国际超算领域的合作基础和技术优势，乐于奉

献，积极参与国际事务，主持和参与各类超算相关的国际会议、讲座论坛，负责亚洲超算组织的工作，参与多个国际会议和国际学术期刊的审稿，参与国际组织 IESP、MPI、BDEC 等的委员会工作，向国际超算学术界推介中国超算成果和中国超算学者，把握话语权，为中国超算走向世界做了大量有成效的工作，使国家超算广州中心成为我国超算对接世界的桥头堡，与美日德法英等数十个国家的超算中心和科研机构开展项目合作、技术交流等，在国际上持续打响中国超算的品牌。2014 年，她成为首位在世界超算大会 ISC 上做大会主旨报告的中国学者；2017 年，她成为中国首位、世界唯一的女性国际超算 ISC Fellow；2019 年，她成为国际超算 ISC 大会近 40 年来首位中国学者、首位世界女性学者担任的大会主席，向世界展现了中国科学家的坚毅精神与卓越风采。

坚持科研育人，长期致力于超算应用能力的教育和培训，建立数值模型思维、并行计算思维和软件工程思维的超算交叉学科人才培养体系，依托超算中心建设了目前世界上规模最大的超算教育实践平台“超算习堂”，已支持全国各大高校、主要科研机构的数万名学生使用，全面提升学生的超算能力，培养了国家急需的超算系统和应用人才。相关成果获得 2021 年广东省教学成果一等奖。

卢宇彤始终保持追求卓越的事业心，保持为党和国家奉献的信念和决心，在国产超算领域的科学研究、技术创新、人才培养、团队建设和成果应用等方面取得瞩目的成绩。

广东省妇女联合会供稿

让中国常立于世界超算巅峰

◎ 林志文　曾桂敏

“拥有实力才拥有话语权，拥有算力才掌握创新权。我们说超级计算就是创造力，是科技创新的引擎，是科技创新的需求。”

2021 年 12 月 17 日，2021 中国海外人才交流大会暨第二十三届中国留学人员广州科技交流会（以下简称“海交会”）“科技创新·巾帼力量”论坛专项交流活动在云端举行。当天，广州 14 部门联合启动科技创新巾帼行动。国家超级计算广州中心主任、中山大学数据科学与计算机学院教授卢宇彤在论坛上分享了她与超算的精彩故事。

“中国超算的成功是中国科技、产业、社会环境成功发展的基础。对个人而言，每一个小小的成功是更大成功的基础。愿每位女性都能自尊、自信、自立、自强，抓住新时期、新技术、新产业的新发展机遇，与我们伟大的祖国共同成长。”从研制世界一流的超级计算机，到建设世界一流的超算中心，再到推动我国超算自主可控可持续发展，在超算的道路上，卢宇彤一路与时间赛跑。她在接受中国妇女报全媒体记者专访时表示，我们的目标是要让国产超算更快、更强、更好，让中国超算常立于世界超算的巅峰，让科技创造更加美好的生活。

打破美日长期垄断，改写超算世界格局

在国际超算领域，卢宇彤算得上是一个传奇。1993 年，卢宇彤硕士研究生毕业，适逢中国超算研究进入重要发展时期，对计算机既有兴趣又有天赋的她被超算研究团队选中，从此与超算结下不解之缘。致力于超算研究 20 多年，卢宇彤从最初参加“银河二号”的编译器研制开始，亲历了五代“银河”超级计算机、两代“天河”超级计算机的研制，见证了中国超算从跟跑到并跑到领跑的全过程。由她担任副总设计师的“天河二号”超级计算机系统，在面临一系列技术封锁的情况下，通过艰苦攻关，在异构体系结构、自主高速互连网络、大规模层次存储架构、科学计算与数据处理融合软件栈、高密度结构工艺等方面取得了一系列重要的技术创新与突破，从 2013 年 6 月到 2016 年 5 月，连续 6 次夺得世界超级计算机 500 强排名（TOP500）冠军，打破了美日长期对世界超算头把交椅的垄断，改写了超级计算的世界格局。

如何让世界一流的超级计算机更好应用，取得世界一流的科研、工程和产业应用成果？2016 年，卢宇彤将研究重心由超算系统研制转移到超算应用，她出任国家超级计算广州中心主任，肩负起建设世界一流、中国特色超算中心的重任。“我们的目标是要让国产超算更快、更强、更好，让科技创造更加美好的生活。”

卢宇彤将中心发展与前沿科学、国家重大战略需求和区域经济

社会发展需要紧密结合，利用自身既熟悉“天河二号”系统架构，又拥有丰富应用经验的优势，带领团队大力拓展“天河二号”应用领域，提高中心的应用服务能力，建设了一系列面向领域的超算应用服务平台。经过不懈的努力，“天河二号”在支撑国家科技创新、服务国家创新驱动和地方产业发展等方面发挥着重要作用，在大气海洋环境、天文宇宙科学、新能源新材料、生物医药健康、大规模工程与战略装备设计制造、大数据与智慧城市等领域取得一系列重大创新成果，支撑了1000多项国家级课题的研发工作，服务用户已超过4000家，用户群体超过30万，遍布全国34个省区市，让国家超算广州中心成为全世界系统利用率最高、用户数量最多、应用领域最广的超算中心之一。

2018年11月，在世界超算大会上公布的“世界最具应用影响力超算中心（Dominant Sites）”排名上，国家超算广州中心紧随美国

◎ 卢宇彤与团队成员们探讨工作

四大国家实验室位列第五，领先欧洲与日本一众超算中心，是我国唯一入围前十的超算中心，充分彰显了中心强劲的综合实力。

出任 ISC 世界超算大会 40 多年来首位女性主席

2019 年，一个振奋人心的消息传来，卢宇彤出任 ISC 世界超算大会 40 多年来首位女性主席，向世界展现中国女科学家的卓越能力与风采。卢宇彤激动地表示："能够代表中国科学家在国际超级计算大会取得一席之地，是在中国超算快速发展的背景下，国际学术界对个人专业学术水平的认可。中国超算事业经过几十年积累，终于可以在国际学术圈发出自己的声音，是件很让人振奋的事情。"

卢宇彤积极利用自身在国际超算领域的话语权和前期建立的友好合作基础，致力于让国家超算广州中心成为我国超算对接世界的桥头堡，在国际上打响中国超算的品牌。

在她的努力下，国家超算广州中心与美日德法英等数十个国家的超算中心和科研机构建立了紧密的合作关系，德国斯图加特国家超算中心、英国哈瑞国家超算中心等世界知名超算中心都与国家超算广州中心成为合作伙伴，世界各国的顶级超算专家在国家超算广州中心举行讲座，开展项目合作等。中国超算事业不断在国际学术圈展现自己的形象，发出自己的声音。

"作为后起之秀，中国超算人需要与时间赛跑"

"在超算领域中国起步相对较晚，一直面临国外的技术封锁。而世界超算的性能增长是十年千倍，过去45年间超算的性能增长了25亿倍，超过了所有其他学科领域的发展速度。”正是这种时不我待的紧迫感和使命感，使中国超算人不由自主不断奔跑。

长期奋战在超算系统研制第一线的经历，使得卢宇彤深谙自主可控对国产超算发展的重要性。在国家超算广州中心的应用工作取得硕果累累的同时，她坚持中心要将应用与科研并重，用研发来支持应用水平的不断提高。

通过多年的应用和科研积累，卢宇彤早早就判断，超算与大数据、人工智能的融合应用是未来计算发展的必由之路，她立即牵头自主研发“天河星光”一站式融合超算应用平台，让基于“天河二号”的高计算平台，与超算中心的大数据分析平台、人工智能平台深度融合，大幅提升中心的超算融合应用能力，并有效降低了用户的使用门槛。

随着E级计算时代（E级超算是指每秒可进行百亿亿次数学运算的超级计算机，是国际上高端信息技术创新和竞争的制高点，被全世界公认为“超级计算机界的下一顶皇冠”）的来临，我国面临的国产超算软件问题成为制约发展的关键。为了建立国产超算的应用软件生态环境，打破E级计算编程难、并行软件开发效率低、国产应用软件资源少且复用率低等重大挑战，卢宇彤组织超算中心研究并着力解决大规模并行软件的高效开发、应用软件的高效能综合优化、资源集成与共享服务等关键问题，在科技部的支持下，着力建设国家高性能计算环境应用软件中心，有力支撑国产超算应用的可持续发展。

在卢宇彤的牵头和努力下，超算中心的自主研发能力大幅提升，围绕国家和地方发展的战略性科技问题，2016年至2021年，国家超算广州中心成功立项的国家、省市各类重点科技项目共81项，获得的经费支持超过3亿元。

“超算的发展服务于国家的战略需求，超算的核心作用是推动人类科学的发展。”卢宇彤表示，“超算领域的世界竞争既是高端信息技术的竞争，也是综合国力的竞争，更是高科技人才的竞争，中国超算想要超越西方大国，我们需要超算软硬件技术的全面创新，更需要中国超算人与时间赛跑，我们必须夜以继日，争分夺秒地去奋斗。”

《中国妇女报》2021年12月24日

从跟跑、并跑到领跑 中国超算实现跨越式发展

◎ 马瑞婕

卢宇彤，中山大学计算机学院教授、博士生导师，国家超算广州中心主任。她长期从事国产高性能计算大规模并行系统软件的研究与实现，参加了五代“银河”系统和两代“天河”系统的研制工作。2017 年成为中国首位、世界唯一的女性国际超算 ISC Fellow，2019 年成为 ISC 大会 40 多年来首位女性大会主席。

卢宇彤亲历五代“银河”、两代“天河”超算系统研制，由她担任副总设计师的“天河二号”连续 6 次夺得世界超算 TOP500 榜单冠军。在她带领下，超算中心实现了应用服务对粤港澳大湾区乃至全国的全面覆盖，支撑大科学研究、战略工程技术、产业转型升级和智慧城市等各个领域取得了一系列世界领先的成果，并登上“全球最具应用影响力超算中心”五强，是我国唯一进入该榜单的超算中心。

从参研五代“银河”系统到攻关两代“天河”系统，卢宇彤一直在超算这个赛道上不懈奔跑，参与并见证了中国超算事业的发展

历程。在她看来，经过此前长期的积累，这10年间，以天河、神威为代表的中国超算成功改写世界超算格局，实现了从系统性能的领先到超算应用能力的领先，助推中国超算事业完成从追赶到跨越的腾飞，取得了系统性的非凡成就。卢宇彤的职业成就也在融入国家发展中达到了新的高度，其间不仅成为中国首位、世界唯一的女性国际超算ISC Fellow，还当选ISC大会40多年来首位女性大会主席。

作为扎根广东发展的战略性基础设施，面向下一个10年，国家超算广州中心如何发挥更大效能？卢宇彤认为，当前，中心已实现超算服务对粤港澳大湾区的密集覆盖，未来将继续面向大湾区发展需求，持续投入构建新一代应用能力型国产通用超算系统，协同打造国际领先水平的多领域超算应用平台，为建设粤港澳大湾区国际科技创新中心、综合性国家科学中心提供更强有力的支撑。

“天河二号”改写世界超算格局

南方日报：你最早是如何与超级计算机结缘的？让你坚持研究国产超级计算机系统将近30年的动力是什么？

卢宇彤：我从小就对此有兴趣。读高一时，我去参观了“银河－Ⅰ”，它足足有一个小型会议室那么大，表面密密麻麻地布满了各种电子管，这个庞然大物把我深深迷住了。

高考报志愿时，我毫不犹豫地填报了国防科技大学计算机学院，本科毕业前做毕业设计，是我与超算缘分的开始。当时我的导师负责“银河－Ⅱ”编译器的开发工作，我跟随导师进行“银河－Ⅱ”相关系统的软件测试与验证，这项工作也成为我的毕业设计作业。

1993 年，当我硕士研究生毕业时，适逢我国超算研究进入重要发展时期，我有幸被超算研究团队选中，赶上了国产超算发展的好时候，一毕业就能和团队多次承担国家重大科研项目的攻关任务，这对一个刚参加工作的年轻人来讲非常难得。

随着国家打造“新型深度并行银河系统”的号角吹响，面对软件系统更新换代的巨大挑战，我选择继续留在“银河”战队。这么多年来，从“银河”到“天河”，我同超算国家队一起成长进步，见证了国产超算从跟跑到并跑再到连续多年夺得世界第一的发展全过程。

南方日报：这 10 年里，你参与研制的“天河二号”取得成功，你个人也当选 ISC 2019 大会主席，有什么感想？

卢宇彤：我国超算人不会忘记“玻璃房子”故事：20 世纪 80 年代，中国花费巨资购买了一台外国大型机。国外进口签订的合同里有非常苛刻的条款，我们的系统必须放在他们指定的玻璃房子里，系统的启动密码也由外国人掌握，以此实现对我们的技术封锁。

◎ 卢宇彤与“天河二号”

想要打破技术封锁，就要快速往前走，但同时世界的信息技术、超算技术也在往前走，所以我们必须保持加速度，跟时间赛跑，因为根本就没有喘息的机会。

在攻关“天河二号”那段时间，我们团队夜以继日地干，甚至把铺盖搬进了办公室，在那里吃住近半年。每一个方案都是在几十个备选方案中，经过反复甄选、实验、调试和验证得出的。我心想，一定要啃下这块硬骨头！

终于，“天河二号”于 2013 年 6 月正式研制成功，在 2013 年 6 月至 2015 年 5 月，连续 6 次获得世界超算 TOP500 排名第一，其创新的异构超算体系结构引领了当今世界超算技术路线的发展，在国际上打响了中国超算的品牌，改写了世界超算的格局。

对我个人来说，能够代表中国科学家在国际超级计算大会取得一席之地，是在中国超算快速发展的背景下，国际学术界对个人专业学术水平的认可。中国超算事业经过几十年积累，终于可以在国际学术圈发出自己的声音，是件很让人振奋的事。

比起外界评价，我更在意内心的感受，希望自己能做出实实在在的成绩，帮助各领域的科学家产出更多成果、造福民生。在超算领域，我国起步相对较晚，中国超算想要超越西方大国，需要超算软硬件技术的全面创新，更需要我国超算人继续与时间赛跑，夜以继日、争分夺秒地去奋斗。

10 年构建起国产超算应用服务生态

南方日报：在你看来，党的十八大以来，我国超算事业取得了哪些方面的进步？

卢宇彤：这10年来，我国超算取得了系统性的非凡成就。“天河二号”破纪录取得世界超算六连冠，打破了美日长期对世界超算“头把交椅”的垄断，改写了世界超算的格局。以“天河”“神威”为代表的中国超算多次登顶世界超算500强，还3次获得了超算应用戈登贝尔奖。

不仅如此，我国超算还实现了从系统性能领先到超算应用能力领先。国家超算广州中心直面国产超算应用的挑战，突破国产超算应用服务化核心技术，自主研发首个超算大数据人工智能融合的应用支撑平台——“星光”超算应用平台和性能领先的大规模并行文件系统等，搭建起复杂超算系统与多领域超算应用之间的桥梁，成为全球用户最多、应用最广的超算中心之一，位列“世界最具应用影响力超算中心”前五，实现了从超算系统性能领先到超算应用水平领先的全面发展，构建起国产超算应用服务生态。

过去10年，我国超算开花结果、走向世界，进一步融入世界超算社区。当前，超算各项技术飞速发展，通过拓展国际合作交流，我国超算技术水平和国际影响力不断提升，越来越多的高性能计算相关领域顶级国际会议由中国学者组织并参与。

从我个人发展来看，2017年，我有幸成为中国首位国际超算ISC Fellow；2019年，我担任世界超算ISC大会近40年来首位女性大会主席，成为首位来自中国的学者。这背后得益于我国在超算领域的国际地位与认同度不断提升。

南方日报：从你自身的观察来看，推动我国超算技术取得快速发展的主要因素有哪些？

卢宇彤：首先，超算是现代科技创新体系的重要组成部分，是大国科技竞争必须抢占的一个战略高地，因此国家和政府的重视很关键。近年来国家和地方的持续投入，推动我国超算软硬件技术迅速发展。

同时，各行业领域在超算技术支持下加速发展后，又会从需求角度反向推动超算技术发展，二者相互促进。从本质上来说，国力的增强、经济社会的发展、综合实力的提升，是促进超算技术发展的根本原因。

另一方面，任何的技术创新都离不开人，超算技术的发展离不开中国超算人奋勇拼搏、自主创新的精神和努力。从无到有、从弱到强，在同等时间内，中国超算研究团队付出了比国外同行更多的努力，也因此实现了我国超算从跟跑、并跑到领跑的跨越式发展。

超算服务实现
对大湾区密集覆盖

南方日报：“天河二号”为广东经济社会转型升级提供了哪些重要支撑？

卢宇彤：作为广东省的重大科技创新平台，国家超算广州中心依托“天河二号”超算平台积极组建多学科交叉团队，打造了面向天文地球物理、大气海洋环境、生物医药健康、战略工程与先进制造、人工智能与智慧城市等领域的应用服务平台，有力支撑本地传统支柱产业通过数字化、智能化手段实现生产提质增效。

近年来超算中心陆续在粤港澳大湾区布局了 11 个分中心，连通了中心到各大城市的高速网络专线，实现了超算服务对粤港澳大湾区的密集覆盖，并于2018年牵头成立了粤港澳大湾区超算联盟。目前，中心在港澳地区的超算用户数已近500家，通过一系列措施不断提升湾区科技合作层次和水平，为建设粤港澳大湾区国际科技创新中心、综合性国家科学中心提供有力支撑。

南方日报：国家超算广州中心接下来将如何助力广东经济与社会发展？

卢宇彤：随着我国深入实施创新驱动发展战略，国家超算广州中心的创新引擎作用将进一步凸显。面向广东乃至整个粤港澳大湾区的发展需求，未来我们将持续投入构建新一代应用能力型国产通用超算系统，以提升超算中心系统能力。

中心也将联合重点应用单位，协同打造国际领先水平的多领域超算应用平台，构建高效易用的超算融合大数据、人工智能的科技产业创新生态，汇聚计算资源、数据资源、应用资源和多学科交叉人才，通过产学研结合，建设以“计算”和“数据”为中心的资源汇聚和共享机制，努力打造支撑重大工程建设、战略产业发展，促进信息产业链构建和生态环境可持续发展的高技术新型基础设施，以创新模式为广东经济社会发展提供更有效的基础设施支撑。

《南方日报》2022年9月6日

打造全球最好用的超算中心

◎ 邹丽珍

2022 年 3 月 7 日，在三八国际劳动妇女节来临之际，中央宣传部、全国妇联向全社会宣传发布了 2022 年“最美巾帼奋斗者”先进事迹，10 位全国三八红旗手标兵入选 2022 年“最美巾帼奋斗者”，其中就有一位来自广东，她是国家超级计算广州中心主任卢宇彤。

从技术小白到“天河二号”副总设计师

入选 2022 年“最美巾帼奋斗者”的卢宇彤是国家超级计算广州中心主任，中山大学计算机学院教授。她从事国产超级计算机系统研制近 30 年，从技术小白成长为“天河二号”的副总设计师，亲历了中国超算从跟跑、并跑到领跑的跨越式发展。

她带领团队在面临一系列技术封锁的情况下，通过艰苦攻关，在超算并行软件和应用研究中，取得了多项具有世界级水平的重要创新与突破，成功研制了“银河”“天河”系列国产超算系统，其中由卢宇彤担任副总设计师的“天河二号”夺得世界超算 500 强六连冠，打破了美日长期对世界超算头把交椅的垄断，改写了超级计算的世界格局，她本人也代表团队 6 次站上世界超算最高领奖台。

她研发的世界领先的“星光”超算融合应用平台和世界上性能最高的新型架构并行文件系统等，使广州超算成为全球用户最多、应用范围最广的超算中心之一，位列“世界最具应用影响力超算中心”前五。

坚持：“凭的是对这份事业的信念”

在世界各国竞相争夺超算制高点的背景下，卢宇彤发挥自身在超算领域的合作基础和技术优势，积极参与国际事务，把握话语权。2017 年，她成为中国首位、世界唯一的女性国际超算大会会士（ISC Fellow），2019 年，她成为 ISC40 多年来首位女性大会主席，推动中国超算走向世界，使国家超算广州中心成为我国超算对接世界的桥头堡，向世界展现中国女科学家的卓越能力与

◎ 卢宇彤获第十一届南粤巾帼十杰

风采。

卢宇彤表示，超算是解决国家和区域经济建设、社会发展、科技进步、国家安全等一系列重大挑战性问题不可或缺的国之重器，是世界各国和地区在信息时代竞争的战略制高点，中国超算取得如今的发展成果不是一蹴而就的，“靠的是几代中国超算人的共同努力和奋勇拼搏以及与时间赛跑的毅力和勇气”。

2016年，卢宇彤来到广东担任国家超算广州中心主任，从超算系统研制的幕后来到了超算应用的前台，开启了直面国产超算应用挑战的新征程。

30年来，卢宇彤一直保持攻坚克难的信心和决心。“几十年如一日的坚持，凭的是对工作的热爱和对这份事业的信念，我们坚信能够做好国产超算系统，也能够做好国产超算的应用。”卢宇彤表示，她的愿望就是让超算服务更多的行业和领域，支持更多领域的创新。

《羊城晚报》2022年3月8日

2022

最美巾帼奋斗者

路生梅

路生梅：一句承诺　一生坚守

“人生的道路虽然漫长，但紧要处常常只有几步，特别是当人年轻的时候。”路生梅，1944年出生于北京，1963年考入北京第二医学院。小时候的路生梅，品学兼优，曾作为优秀儿童代表给来华访问的印尼总统献花。1968年，为了响应“知识青年到农村去”“把医疗卫生工作的重点放到农村去”的时代号召，她只身来到陕北佳县。此后50余年间，从韶华到白头，路生梅把毕生精力都奉献给了佳县这个边远山区，并以执着的追求和卓越的才华创办了佳县儿科，成为榆林市乃至陕西省医疗战线上的一面旗帜，成为无数妇女心中的楷模。

选择：踏入人生中“紧要处”的几步

个头不高，戴着眼镜，满脸笑容，说话声音好听，性格像活泼的“小姑娘”，这是70多岁的路生梅给大家的第一印象。

“我生于1944年，出生时家里屋檐下正有一株含苞待放的梅花，所以大家就叫我生梅。和同时代的北京女孩子一样，我在后海划过船，在长安街上为毛主席和外国元首捧过花。”路生梅笑着说。

1963年，路生梅以优异的成绩顺利考入北京第二医学院，经过了5年的刻苦学习后，让人始料未及的是，她并未如期步入“留在北京当一名儿科医生”的理想人生规划，而是响应建设大西北的国家号召，选择“到祖国最艰苦的地方去”。1968年，24岁的路生梅被分配到佳县人民医院。

“12月5日正值寒冬，我踏上北京开往西安的列车，汽笛长鸣，火车开动的一瞬间，我的眼泪哗哗往下流。”“在一个很冷很冷的隆冬早晨，我拎着小包，走过窄窄的街道，进入佳县人民医院大门，谁能想到我会在这里度过40余年的日子。我不是来往过客，而成了这里的子民！”路生梅在文章《我的人生历程》中这样写道。

扎根：一双“特殊”的千层底棉布鞋

初到佳县时，眼前的一切让路生梅至今都难以忘怀。泥泞不堪的土路，荒野中零星散落的几座坟头，分配她报到的县医院就是墙皮脱落的两孔破旧窑洞。糠菜半年粮、喝水靠驴拉、冰冷的土炕、难以适应的饮食……加之自己初来乍到对亲人朋友的思念，路生梅暗自流泪。除了日常生活中的各种困难，艰苦的工作环境也时刻考验着这个北京来的姑娘。

那时候医院实行“半医半工”，休班时间，路生梅天不亮就起床去修梯田、修公路，下午收工后接着值夜班。

那时候出诊没有交通工具，只能靠双脚，路生梅的鞋经常磨出洞……

“困难多得没法说，我哭过，但我从未退缩过，路是自己选的，不能打退堂鼓。”路生梅坚定地说。

随着时间的推移，一次次特殊又难忘的诊治经历，逐渐改变了路生梅原有的想法，也让她坚定地扎根佳县，服务这里的百姓。让她决心彻底留下来，还得从一双特殊的千层底棉布鞋说起。

“那天风雪交加，我穿着从北京带来的塑料底棉鞋，到离县城十几公里的崔家畔村出诊。雪太厚，山路太滑，近两个小时的路程，我摔了 40 多跤，几乎变成一个泥人。这家孩子得的是麻疹肺炎合并心衰，病情很重，没办法我就住下来给孩子看病。临别时，孩子的母亲送给我一双十分合脚的千层底棉布鞋。原来，在我治病的这几天里，孩子的妈妈偷偷照着我的鞋样，连夜给我纳制出来了这双鞋，我一直没舍得穿，一直珍藏着。”路生梅回忆道。

老百姓缺乏基本的医疗卫生常识，用未消毒的剪子直接剪脐带、医院不时会有危重期新生儿病人被送来、县级医院管理经验落后、乡镇医院医疗水平低、不能及时发现症状……面对这一切，路生梅暗下决心：这里就是最需要我的地方，这里的人民就是最需要我的人，我要为党工作 50 年，为佳县人民服务 50 年！

奉献：病人是她的亲人，她是病人的恩人

“既然留下来，我就要发挥自己留在这里的价值。这里是最艰苦的地方，也是我实现人生价值的‘广阔天地’。”就这样，路生梅怀揣初心，不断地前行在“扶伤、济世、敬德、修业”的医者之路上。

普及医疗常识、下乡培训医生、筹建专业儿科、到村到户义

诊……在路生梅的主持下，佳县人民医院有了独立的儿科科室。同时，也开始实施大查房、疑难病例讨论、各科室会诊等先进制度。“我们这儿条件落后，我东奔西跑、四处筹资，想办法让科室所有护士分批进修，提高护理技术。当时佳县医院是全区条件最落后的县医院，但佳县医院小儿科在全区小儿静脉穿刺上取得了团体第一和个人第一的好成绩。”路生梅自豪地说。

◎ 路生梅在家中为患者诊治

对于路生梅来说，病人就是她的亲人。“路医生不仅医术高，而且口碑好、医德好，她把病人当亲人，经常是‘随叫随到’‘随到随诊’，开的药也都是‘便宜的药、管用的药、适量的药’。”佳县卫生局原副局长任建平说。路生梅常对同事们说：“要想病人和咱们亲，咱们就要把他们当亲人，要细心、真心。”有一个小婴儿在百日咳痉咳期反复窒息，路生梅口对口地为她吸痰，反复人工呼吸 40 余次，救活了孩子。为紧急救治一个肠穿孔的病人，她因劳累过度昏睡了一天一夜……像这样被路生梅从死神手里抢回来的生命不计其数。同样，在病人眼里，路医生是他们的恩人。魏牙锁在病情危重的时候把孩子们托付给她照顾，任锦芳老人一家四代人都找她看病，把她当家人，找她看过病的人专门从美国寄来礼物等，太多类似的故事在她身上发生着，一天又一天，一年又一年。

1981 年至 1983 年，路生梅先后到北京协和医院和陕西省第一届儿科主治医师学习班进修。由于学习成绩突出，很多人都表示愿意把她调到他们那里。“大家的好意我领了，但我还是要回到佳县。我离不开我的孩子和丈夫，更离不开佳县这块土地和这块土地上朴实热情的老乡们，他们真的需要我。”路生梅说。

坚守：只要病人一拉线，我就会回到他们身边

“我拒绝了北京亲人劝我回京安度晚年的建议，也拒绝了大医院聘请我坐诊，但是我不会拒绝佳县的老乡们上门找我看病。”退休 20 余年后，路生梅仍在县医院旁的一孔窑洞里义务接诊。前来找她看病的人络绎不绝，就连黄河对岸的山西，也有许多病人跑来找她看病。

一路走来，路生梅获得了很多荣誉。全国优秀共产党员、全国三八红旗手、三秦楷模，登上中国好人榜、入选“最美医生”“诚信之星”……提及这些，路生梅笑着说：“当时我根本就没有想那么多，就想着给老乡们治病。如今，这些荣誉对我来说是一种激励，也让我感觉责任更大了。”2020 年 1 月 29 日，76 岁高龄的路生梅向她所

在的党支部递交了一份“请战书”，要求奔赴抗击新冠疫情第一线，成为全市请战最早的医护人员之一……

“我就是一只拴着线的风筝，无论走到哪儿，只要病人一拉线我就会回到他们身边。”这位从芳华少女变成古稀老人的“北京姑娘”，用实际行动演绎着感人至深的故事，用大爱精神兑现了一生的承诺。

陕西省妇女联合会供稿

“只要群众需要，我就在这里扎根”

◎ 姜辰蓉

1968 年，路生梅大学毕业只身来到陕西省榆林市佳县从医。看到这里群众缺医少药，路生梅许下承诺——“要为佳县人民服务 50 年”。50 余年来，她为众多患者解除痛苦，为这个落后的小县城建立起第一个正规儿科，还自愿“超期服役”，一直坚持义务接诊守护群众健康。

“祖国哪里需要我，我就到哪里去”

1968 年，出生于北京的路生梅从北京第二医学院（现首都医科大学）毕业。24 岁的她被分配到陕西佳县工作。她服从分配的理由很简单：“我是祖国培养的。祖国哪里需要我，我就到哪里去。”

佳县位于黄土高原和毛乌素沙漠交界处，这里沟壑纵横、环境恶劣，贫困程度很深。当地医疗条件也十分落后，两孔墙皮脱落的旧窑洞就是县医院，相当于华北地区一个乡镇卫生院的规模。

“我专业是儿科学，但是这里还没有分科。病人听说是‘北京来的大夫’，就觉得你什么病都能看，眼睛里都是希望。”为了不让病人失望，路生梅在工作之余抓紧一切时间和机会学习各种医学知识。白天坐诊、出诊，夜晚在油灯下看书、记笔记，成为她生活的常态。

“除了内外科、儿科，我还学会了妇产科、皮肤科技术。不少老乡习惯看中医，我又自学了针灸。”就这样，准专科医生生生变成了“十八般武艺皆通”的全科医生。

“这里需要我，我抛不下这里”

离佳县人民医院不远的一处背街小巷里，有两口窑洞，是路生梅的家。她家中陈设简单到寒酸：一铺炕、一个木质沙发、三合板的书桌、门扇掉落的衣柜……就是她的全部家当。

“刚来时也没想到能在这里安家，一待就是一辈子。”路生梅坦言，有段日子，走与留，在心头反复掂量。她到底还是没能割舍这片黄土地，因为“佳县实在太落后，太缺医生了”！

当时这里一些群众生病往往不去医院、不找医生，而是请“神婆”驱邪。一次出诊路生梅看到：土炕上的病人已经昏迷，“神婆”还在装神弄鬼、念念有词。这一幕让路生梅震惊。

“病人神志不清了，再耽误下去可不得了。”情急中，路生梅说服家属同意她给病人诊治，最终她用针灸使病人清醒过来。“我也捏了一把汗，就怕这一针下去，病人还是不能清醒，那不仅救不了人，还争不来家属信任，他们以后还会相信‘神婆’。”路生梅说。

还有一次，她徒步一个多小时来到一位待产妇家中，进门时，眼前的一幕让她格外痛心：产妇已经生产，却坐在一个沾满血迹的土袋子上，家人担心产妇休克，就用手拽着产妇的头发。另一名家属正准备用一把黑乎乎的剪刀剪脐带。“慢着！”路生梅冲过去夺下剪刀，一边向家属解释，一边迅速拿出消毒器械，给孩子断脐、包裹。

◎ 路生梅（左二）在佳县佳州街道凌云社区义诊时，8 岁的小患者亲密拥抱她

“我决定要留在佳县，这里需要我，我抛不下这里！”在做出决定后，路生梅郑重地把“为佳县人民服务 50 年”写进思想汇报。

扎下根来的路生梅更专注于提升当地医疗水平。为了挽救更多小生命，路生梅又着手创建独立的儿科。1983 年，佳县人民医院首设小儿科，路生梅成为首任儿科主任。

“我就像风筝，线永远在病人手中”

1999年，路生梅退休了，同龄的大夫要么含饴弄孙，要么被其他医院返聘。路生梅医术精、人品好，很多医院争相高薪邀请，她一一拒绝。路生梅仍然选择在佳县工作，但却是免费义诊。“国家已经给了我退休工资，我不缺钱，不能再拿另一份钱。”

佳县人民医院一间几平方米的房间是路生梅的办公室，这里常常挤满患者。路大夫的患者中，不仅有佳县本地人，还有许多来自周边县区，甚至黄河对岸山西省的患者。“路大夫看得好，我们放心。人好，从来不起火（有耐心）。”53岁的樊振宁带着小孙子来看病，“我小时候就找路大夫看病，我们家五代人都找她看过病，半个佳县城的人都找她看过病，我们信她。”

除了在佳县人民医院、佳县中医院轮流坐诊，她的住址很多人都知道，有的病人白天上班，下班后才能过来，路生梅也不推拒。路生梅的电话号码更是不知有多少人知道，只要有人问，她就告知；只要来电话，她都接，一时没接上有空就马上回拨，“万一是急病呢？一点不能耽误”。

个头不高、身形瘦削、身板笔直，和年轻时没什么差别；但乡音已改，鬓发花白，皱纹爬满了她的面庞。五十载已过，路生梅仍在“超期服役”。有人粗略估算，退休后的20年里，路生梅义诊的患者超过10万人次。

50多年来，除了外出培训、回京探亲，她几乎没离开过佳县。

"我回京探亲时，电话还是一直响，都是病人来电，问我啥时候回去。"路生梅说，"我就像风筝，不管在哪里，线永远在病人手中。"

新华社西安2021年8月6日电

在黄土地上　用坚守诠释“医者仁心”

◎ 党柏峰

从一位青春靓丽的姑娘到古稀老人，50余年间，她将自己最美的年华奉献给了这块土地，直到白发苍苍；50余年间，从门诊到手术台，从县医院到乡村，她用高尚的医德和精湛的医术守护着一方百姓，用满怀火热的心扶弱助残，成为无数妇女儿童心中的天使。

她就是陕西省榆林市佳县人民医院原副院长、儿科主任、全国三八红旗手、全国优秀共产党员、中国好医生路生梅。

大学毕业后的路生梅响应国家号召，背起行囊，从繁华的首都北京来到贫瘠的陕北黄土高原。在这片黄土地上，她用无私奉献改变佳县落后的医疗面貌，用坚守诠释“医者仁心”的初心和使命。

采访中，路生梅告诉中国妇女报全媒体记者，她加入中国共产党用了23年时间，经受了各种磨难和考验，从1961年向党组织递交第一份入党申请书，直到1984年正式加入中国共产党，无论顺境还是逆境，她从来没有动摇过入党的决心，而是怀着无比坚定的信念将“为党工作 50 年，为佳县人民服务 50 年”写进自己的入党申请书。

“在艰苦岁月中，我为自己能在佳县汲取红色文化传承红色基因而倍感欣慰。我会继续在佳县干下去，争取做到‘生命不息，服务不止’……”路生梅用朴实的话语讲述了她来到佳县 50 余年从医路上的青春岁月和执着坚守，这就是一个共产党员的朴素情怀。

◎ 路生梅在去为患者义诊的路上

“这里的人民需要。”这就是路生梅扎根陕北最为朴素的理由。当初路生梅有几次很好的机会离开佳县，但她最后却毅然放弃大城市，选择了留下。因为她深知这里的孩子和群众需要她，她哪里也不去。如今，退休之后的路生梅更是情系群众，心系国家。新冠疫情防控期间，她向所在党支部递交了一份“请战书”，并向党组织交了 1 万元的特殊党费用于抗击疫情。

“只要国家需要，无论奔赴哪里，无论生死，我都要参加，因为肩上有责任，心底有使命，因为我是中国医生。不要嫌我老，我愿把生命留给患者，留给年轻的同行们。”

50 余年来，没有惊天动地的丰功伟绩，她只是尽了一个医生的责任，更是信守了一个共产党员的承诺。

“作为党员，为党工作没有退休年龄，作为医生，治病救人没有退休年龄。我会继续在佳县干下去……”路生梅说。

《中国妇女报》2021 年 8 月 18 日

一诺五十年　扎根为人民

◎ 张家祯

这是一个致敬医务工作者的节日。

2021 年 8 月 19 日是第四个中国医师节。在这个特殊的日子，中宣部、国家卫生健康委联合发布 2021 年“最美医生”先进事迹。陕西省榆林市佳县人民医院原副院长路生梅光荣入选。

这是一个和承诺有关的故事。

1968 年，24 岁的北京姑娘路生梅大学毕业被分配到陕西省榆林市佳县人民医院。一句“为陕北佳县人民健康服务 50 年”的承诺，让她从此扎根黄土高原，从韶华到白头。

“我是祖国培养的。祖国哪里需要我，我就到哪里去。”那一年，路生梅接到通知，得知自己被分配到条件艰苦、医疗资源短缺的西部县城后，便踏上了西行的列车。一声声汽笛长鸣，将她带到黄土高原深处的陕北小城——佳县。

回忆起那时县医院的环境，路生梅记忆犹新：两孔破旧的窑洞，坐落在散落着坟头的荒野中。在这里，喝的是每人每天只给一瓢的黄河水，睡的是冰冷的土炕，平时还要忍受虱虫叮咬。

路生梅不在乎生活上的艰苦，她揪心的，是当地群众医疗常识的匮乏。到佳县工作不久，她出诊救助一位难产妇女。当急匆匆赶到时，眼前的一幕让她惊呆了——一位老婆婆正准备用一把家用剪刀来剪脐带。路生梅一把抢过剪刀，告诉老婆婆，如果用不干净的剪刀剪了脐带，破伤风杆菌就会顺着脐血进入小孩的体内，危及新生儿的生命……

见证了落后的医疗条件导致孕产妇和新生儿死亡率居高不下的种种现实情况，路生梅下定决心要改变这样落后的医疗条件和观念。

“为党工作 50 年，为佳县人民服务 50 年！”这是她身为一名共产党员的郑重承诺，也是身为一名医护人员的坚定决心。

“有没有想过离开佳县？”

“我属于佳县，这里有我的承诺。”面对亲朋好友的邀请，路生梅一一婉拒，更加坚定地留在了佳县，更专注于提升当地的医疗水平。

1981 年，时隔 13 年后，路生梅回到阔别已久的京城，但她不是离开佳县，而是到北京协和医院进修。学成后的路生梅回到佳县，有了更大的用武之地。

为挽救更多小生命，她着手创建独立的儿科。1983 年，佳县人民医院首设小儿科，路生梅出任首任主任。为提高护理质量，路生梅四处筹资，让科室所有护士分批进修，提升护理技术。路生梅将从外地学到的先进管理经验运用到工作中，将大查房、疑难病例讨论、死亡病例讨论、各科室会诊等制度在科室里开展之后，又在全院推广。很快，佳县的儿科专业水平便在陕北名列前茅。

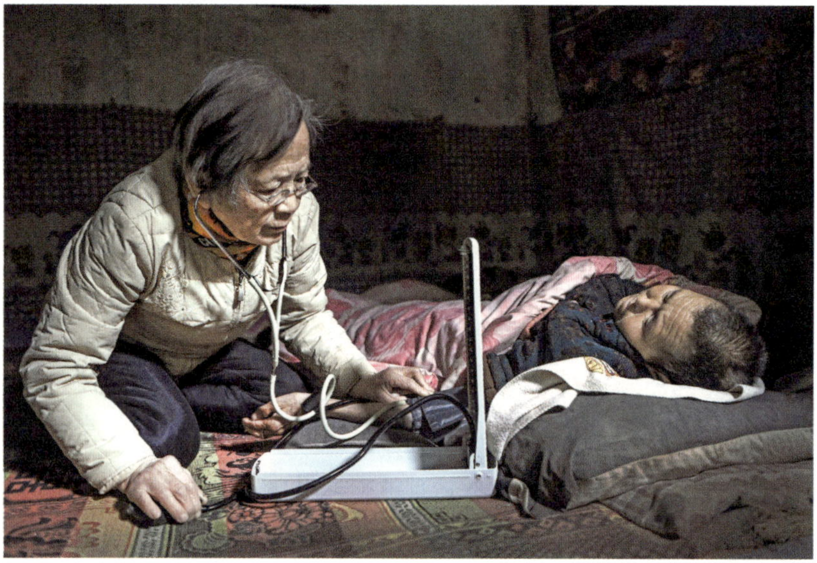

◎ 在陕西省榆林市佳县店镇贺家沟村农家窑洞里，路生梅跪坐在土炕上为瘫痪的村民义诊

当地人都说："佳县城一大半的人都找路大夫看过病。"路生梅也曾无比感慨地说："在佳县，一家四代人经我医治的，比比皆是。走在佳县的街道上，有人叫我'路姐'，有人叫我'路姨'，还有人叫我'路奶奶'。"

1999年，操劳半生的路生梅退休了。退休非但没有让路生梅止步，还成了她的一个新的开始。那时候，面对西安、榆林几家大医院提出的高薪返聘邀请，她都一一谢绝了，选择在佳县的家里义诊。2019年，75岁的路生梅接受邀请，回到曾经工作过的佳县人民医院，开始每周义务坐诊。"现在我还在坚持每周义务坐诊。我这一辈子也就做了这么一件事，就是为佳县的老百姓看病。"路生梅说。

2020年新冠疫情发生后，76岁高龄的路生梅主动请战驰援抗击新冠疫情一线，并向党组织递交了1万元特殊党费。她的事迹被媒体报道后，引发了大量点赞和转载，也激励了更多医生主动请缨。

一路走来，路生梅先后获得“中国好人”“三秦楷模”“全国优秀共产党员”等荣誉称号。这一次，当得知自己荣获“最美医生”称号，路生梅很平静：“我觉得这是我应该做的。作为一个党员，作为一名医生，我永远没有退休年龄。”但当路生梅看到女儿朋友圈发出的“她是全国最美医生，也是我最美的妈妈”时，却忍不住激动：“在医疗工作中，每一次我都是先抢救病人，对家人孩子有很多亏欠。孩子能够理解我，让我很欣慰。”

虽然50年的承诺时限已满，但路生梅的承诺仍然有效。“我就是一只拴着线的风筝，无论走到哪，只要病人一拉线，我就会尽快地回到他们身边。”路生梅说。

《陕西日报》2021年8月20日

2022

最美巾帼奋斗者

杨　宁

杨宁：用最美好的青春镌刻“苗山之恋”

杨宁是广西壮族自治区柳州市融水苗族自治县安陲乡江门村党总支书记、村委会主任。这位85后苗妹子，因返乡带领村民走上脱贫致富路，荣获“全国脱贫攻坚先进个人”，在全国脱贫攻坚总结表彰大会上作为先进个人代表，接受习近平总书记的颁奖。

杨宁是江门村土生土长的苗寨女儿，2010年大学毕业后，村里老支书的一句话让她回到大苗山，老支书对杨宁说：“城里多你一个大学生不多，少你一个不少，但是村里多一个大学生就很了不起。”于是，已经跃出龙门的她放弃考录公务员和进入企事业单位的机会，又回到了老家江门村，安心扎根农村，成为一名大学生村官，这一回就是11年。

当时的村委会，别说年轻人，连一个会用电脑的人都没有。村里的老党员很想带着大家脱贫致富，可是苦于找不到合适的致富路。尽管杨宁在大苗山出生长大，但看过都市的繁华后再看自己的家乡，还是有种说不出的滋味：有留守儿童无人照护，有因病致贫的老人卧病在床，有留守妇女迫切地希望改善生活，却被家务和孩子所困，愁眉不展。

回到村里，杨宁边干边思考怎样才能带领村民摘掉穷帽子。她拿着笔记本，走村进户了解情况，并一一记下来。安陲乡拥有丰富的竹子资源，发展竹子粗加工产业有着独特的优势。为此，她自费前往广东省、海南省、北海市等地考察竹子产业，回村后她贷款5万元建起了竹子收购站。她发现经过初加工后的竹子调给广东省、北海客商，可以省去竹子收购差价，从而提高群众卖竹子的收入。2013年1月，在考察中，她与广东、海南、北海客商签订了销售协议，将粗加工的竹子调往广东、海南、北海。由于她的竹子收购价格高出市场价格，所以群众都愿意将竹子卖给她。仅此一项，该乡农民年增收10万元左右。

考虑到竹子产业收益周期较长，杨宁开始探索更优质的产业项目。2014年，她说服在市里工作的同学回来，一起流转了50多亩荒地试种高山辣椒，但因当年雨水不断，俩人各自亏了10多万元。“年轻就是本钱！摔倒了还可以站起来。”杨宁没有气馁，继续探索富民之路。

一天，杨宁在村口碰到正挑着一担西瓜往村外走的村民张海慧。她品尝了张海慧种的西瓜。刚咬下第一口，甜味便沁入心脾。杨宁忙问地里有多少西瓜，张海慧说有几百斤，正愁怎么卖出去。杨宁听了，当即就拍下西瓜的照片，并将其命名为“泉水西瓜”，在自己的微信朋友圈发了出来。朋友们看到后纷纷点赞，当天就把剩下的西瓜抢购一空。杨宁和张海慧连夜将西瓜运往乡镇上销售。几天后，杨宁和张海慧把“泉水西瓜”种在了收成无望的辣椒地里。杨宁带领大家扩大了种植规模，接着又动员村里的阿嫂种植了高山蔬菜和葛根，把村里原来的荒地全都利用起来。她组织留守妇女成立“苗阿嫂”种养专业合作社，通过种植西瓜使每亩地收益提升到4000元，10多户贫困户因此脱贫。

◎ 种植泉水西瓜获丰收，杨宁（右）与村民喜笑颜开

2017年的一天，杨宁进村入户走访贫困户，看见贫困户家里紫色的糯米，很是好奇。阿嫂告诉她，紫黑香糯是苗家人千百年传承下来的独特品种，卖价比普通糯米高两到三倍，市场上卖得很好。杨宁听了，心里便盘算起来：如果村里所有水田都种植上紫黑香糯，进行规模化生产、市场化收购，也许会成为一条脱贫致富的门路。这个方案得到了农业专家的肯定，并且给出了具体的建议：在紫黑香糯的田里套养香鸭和禾花鱼，进一步增加种植户的收入。

这样的规划村里从未有过，村民们对此半信半疑。为了给大家吃上定心丸，杨宁悄悄把家里给她准备的婚房卖了，准备好资金，立下保证，为全村种植紫黑香糯保价收购。江门村63户贫困户种植的120亩紫黑香糯，很快迎来了大丰收，收入比往年多了两倍。刘枝福等贫困户也顺利脱贫。她又带领乡亲们创新了“稻+鸭+鱼”共作模式，带领386户农户种植613亩高山紫黑香糯特色稻米，收入300多万元。

为了解决种得下、有销路、得收入的问题。杨宁建立了网络销售点，组织融水县6位大学生村官成立融水县大学生村官创业联盟，在融水县8个乡镇成立了“苗村馆”农产品电商中心，确保生态农业产品能远销外地，这几年江门村全村收入近千万元，大大增加了苗胞的收入。

真诚的付出，看得见的收获，杨宁用开拓实干赢得了村民信任，创下村里多个“第一”：2010年成为江门村的第一个女大学生村干部，一干就是两届；2017年，成为安陲乡第一个女性村委会主任；2018年，江门村村民第一次自发以跳芒篙舞形式庆祝三八妇女节，并让杨宁扮成“芒篙”，这也是融水县的第一个“女芒篙”（“芒篙”是苗族民间传说中一种威力无比的山神，旧时由于重男轻女观念，“芒篙”都由男性扮演）。村民说，“过去祖辈们常年向‘芒篙’祈福，其实真正能给我们带来幸福生活的，是党的好政策、党的好干部。”

过去的10多年里，杨宁一直在基层同群众一起研究脱贫致富的方法。大家一起尝试，一起干事创业，一起用实际行动与贫困作战。群众的勤劳和智慧深深打动着杨宁，教育着她，感染着她，也淬炼着她。杨宁说，在脱贫攻坚这场没有硝烟的战场上，贫困是我们共同的敌人。我们既要有共产党员不怕吃苦、咬定青山不放松的精神，也要善于利用专业知识找到致富出路。

杨宁深知，在党的领导下，青年选择将个人理想融入国家事业当中，才能展现青年担当。2016年，杨宁在村里成立了创业联盟，建立农产品电商服务中心及食堂。到2020年，已销售当地农产品900多万元，为江门村集体经济增收7万余元。2016年，全村建档立卡贫困户还有94户326人，贫困发生率达20%。2020年，江门村已实现94户326人全部脱贫摘帽，贫困发生率从20%降到0。目前，江门村种植有西瓜、香菇、木耳、竹笋等农副产品，杨宁帮助村民创建“苗阿嫂”“苗阿公”品牌，村里的各类专项脱贫产业逐步规模化，产业覆盖率达100%。

杨宁说：“家乡村民们的淳朴、善良、勤劳，鼓舞了我，也给了我力量，让我更想留在这里，带领他们闯出一条致富新路。”从脱贫攻坚到乡村振兴，变化的是阶段性目标任务，不变的是对美好生活的追求。2021年是脱贫攻坚与乡村振兴的衔接之年，为了让大苗山的特色农产品走得更远，杨宁出资建设了扶贫加工车间，对村里的农产品进行标准化深加工，并通过网络平台销售。她还计划筹措200万元资金，建设生猪养殖基地，拓展竹荪种植，并发展优质稻产业，进一步打响江门村农产品品牌。

杨宁曾荣获全国三八红旗手、“全国农村青年致富带头人”等称号。2020年10月荣获国务院扶贫开发领导小组授予的“2020年全国脱贫攻坚奖奋进奖”称号。2021年2月荣获党中央、国务院授予的“全国脱贫攻坚先进个人”称号，被中央宣传部、民政部公示为“最美城乡社区工作者”候选人。2021年5月荣获第25届“中国青年五四奖章”。2021年6月被中共中央授予“全国优秀党务工作者”

称号。2021 年 11 月入选第 8 届全国道德模范提名奖获得者名单。在 2021 年中央广播电视总台春节联欢晚会特别节目《向祖国报告》中，“2020 年全国脱贫攻坚奖”获奖个人及组织代表共 25 人登台向祖国报告，杨宁代表全国的村干部发言，并向祖国和人民许下接续奋斗的誓言。

“获得荣誉，是我奋斗的新起点。”杨宁说，“老百姓给我感动，教会我感恩。我将带领他们过上更美好的生活！”

广西壮族自治区妇女联合会供稿

把最美好的时光献给家乡

◎李 纵

“泉水西瓜的秧苗都种下去了吧？可千万不要耽误了！”正是春耕时节，广西壮族自治区柳州市融水苗族自治县安陲乡江门村党总支书记、村委会主任杨宁最近正忙着帮村民平整土地、育苗播种，挨家挨户督促进度……

2010年，刚从广西大学毕业的杨宁毅然选择回到家乡——国家扶贫开发工作重点县融水苗族自治县安陲乡江门村。从当初的大学生村官到如今的江门村发展“第一责任人”，杨宁把最美好的时光献给了家乡，十二载青春年华一路奋斗，带领家乡人民勤劳致富，创造美好生活。

“但我最终还是选择回来，坚信一定能做出成绩”

“回到家乡，是我从小就有的想法。在我脑海里始终刻着这样一幅画面：那时我刚刚考上重点初中，要去县城里上学；我和童年的小伙伴们一起站在村里最高的山坡上，望着这个宁静的小村庄约定：将来有机会一定回到家乡来。”杨宁说。

这样的想法，与杨宁的成长经历有关。江门村位于大山深处，位置偏僻、交通落后、土地贫瘠。“从小父母就外出打工赚钱养家糊口，我是奶奶一手带大的。”杨宁说，因为奶奶身体不好，村里人多有帮衬。

“其实，当时南宁也有几家公司给了工作机会，工资待遇也不错，但我最终还是选择回来，坚信一定能做出成绩。”杨宁说。

然而，真正回到村里，现实和杨宁的想象大不一样。当时村里的办公条件很简陋，村委会只有一台老式电脑，还是乡政府淘汰下来的，所有的办公文件都靠手工抄写。

这些没有难倒杨宁。交通不便，让她更贴近群众——每次出山都顺路搭乘老乡的摩托车；村里电脑不行，就用自己上学时的电脑；到村里的第一年，杨宁将所有的文件材料都电子化归档，让村委会实现无纸化办公。宣传防火防盗、帮村民填表格……通过给村民办各种小事，村民逐渐认可了杨宁。

“脱贫攻坚任务艰巨，能够贡献一己之力是我的荣幸”

“过去的江门村很穷。有一次，我到镇上，看见村里的阿婆带着两个娃到镇上卖山货，3 个人点了一碗粉吃，吃完后再用粉汤泡着自带的冷米饭，分着吃才填饱肚子。”杨宁回忆。后来她了解到，阿婆一家每月的生活费只有 100 元。

帮助乡亲们过上更好的生活，是杨宁一直以来的目标。杨宁开始尝试着带领乡亲们创业改善生活。正当此时，脱贫攻坚战打响，“如同久旱的大地迎来了甘霖。”杨宁说。产业发展有了希望，政府出台了支持乡村产业发展的新政策，村民只要发展产业就能领到产业奖补；交通设施有了改善，村里的泥巴路成了水泥路，以前通摩托车都费劲的村里能进出汽车了；村委会办公条件有了改善，电脑更新换代，连打印机、复印机都装上了……

恰好这个时候，杨宁的 6 年任期到了。“脱贫攻坚任务艰巨，能够贡献一己之力是我的荣幸。我选择留下。”2016 年，杨宁当选村党支部委员，次年当选村委会主任。

脱贫攻坚，产业发展是突破口，产业发展起来了，村民们的口袋才能鼓起来，对此，杨宁思路清晰。“杉木、土鸡、高山优质稻，都是立足我们大苗山的实际定下来的扶贫产业，只要大家跟着干，

◎ 杨宁（左二）与驻村工作队员一起慰问贫困村民

不仅产品包销售，还能领产业奖补。”

可还是有村民不放心，“种不好、养不好怎么办？”“到时候突然不回收了怎么办？”……面对各种疑虑，杨宁决定自己带头。“我和村里的党员干部带头，率先发展特色扶贫产业，并向村民承诺，如果出了问题，损失我们来兜底。”杨宁说。村民被打动了，选择跟她一起干。

产业发展有成效。江门村昼夜温差大，种出的西瓜品质格外好，泉水西瓜成了江门村的招牌。杨宁组织村里留守妇女成立“苗阿嫂种养专业合作社”种西瓜，每亩地的收益从不足1000元提高到近4000元，带动十几户贫困户脱贫；她还带领江门村60多户农户种植香糯，通过“稻+鸭+鱼”共作的模式，每亩增收1500多元……2020年，江门村实现94户326人全部脱贫，杨宁也当选了江门村党总支书记。

“我无悔当初回乡的选择，农村广阔天地真的大有可为”

机器轰鸣，人影晃动，晚上11点多，江门村腊味加工厂二期工程仍在紧张施工……“村里的腊味加工厂一期已投入使用，二期预计也很快建成。村里还规划了乡村振兴农产品深加工示范园区，已完成了选址。”杨宁说。

“脱贫只是起点，乡村振兴是新的战场；我们要加快推进，让乡亲们过上更好、更富足的生活，我要在乡村振兴的主战场上继续贡献青春力量！”杨宁说。

“随着村里农产品加工能力的提升，电商服务中心也会进一步升级发展，这个平台将发挥更重要的作用。”杨宁说，2016 年起，她联手融水县的 6 个大学生村官成立电商服务中心，至今已帮助村民销售特色农产品 900 多万元。

从穷乡僻壤的深山苗寨，到如今瓜果飘香的世外桃源……看着家乡的变化，杨宁觉得一切付出都是值得的。“我无悔当初回乡的选择，农村广阔天地真的大有可为。”杨宁说，希望能有更多的年轻人到农村来，有人才才有未来。

“我家是江门村脱贫户之一，杨书记的辛苦付出我们都看在眼里。正是受到杨书记的影响，当大学毕业时，江门村村民合作社聘请我回村，我毫不犹豫同意了。”2021 年回到江门村工作的梁樱林说，“我们坚信，只要大家一起努力，江门村的明天一定会更美好。”

“全国脱贫攻坚先进个人”“中国青年五四奖章”“全国优秀党务工作者”……工作突出的杨宁，各种荣誉纷至沓来。“这些荣誉既是鼓励更是鞭策，让我深感自身背负的职责使命，我要更加脚踏实地，开启全新征程。”杨宁说。

《人民日报》2022 年 4 月 14 日

为乡村振兴贡献青春力量

◎童　政

江门村，曾经是广西壮族自治区柳州市融水苗族自治县安陲乡深山里的一个贫困村，杨宁是这里土生土长的苗寨人。

2010 年，刚从广西大学毕业的杨宁毅然选择回到家乡发展。多年的努力与坚持，杨宁从大学生村官成长为江门村发展“第一责任人”，她把最美好的时光献给了家乡。

回想起当初的选择，杨宁说：“毕业时父亲在外打工，家里年迈的奶奶没人照顾。回村里做村官离家近，又能照顾奶奶。尽管那时已经在南宁市找到工作，我最终还是选择回来。”

然而，真正回到村里，现实和杨宁想象中的大不一样。当时村里办公条件很简陋，村委会只有一台老式电脑，所有的办公文件都靠手工抄写。但这些都没有难倒杨宁。交通不便，她每次出山都顺路搭乘老乡的摩托车；村里电脑不行，就用自己上学时的电脑。

帮助乡亲们过上更好生活，是杨宁一直以来的目标。她通过调研发现，脱贫攻坚开始以后，村里的交通基础设施得到很大改善，但产业仍然落后。

要实现脱贫增收，发展产业是源头活水。随着一系列支持乡村产业发展的政策出台，村民只要发展产业就能领到产业奖补，产业发展也有了希望。

江门村拥有丰富的竹资源。为带领村民发展竹产业，杨宁到广东、海南等地寻找商家，为村里销售竹子省去中间环节，并发展竹片加工业，让村民获得更多收入。但种竹子的收益期长、辐射面不大，杨宁又开始寻找其他脱贫致富项目。她尝试带领村民种植辣椒、葛根，但投资与回报基本持平。

“对于发展产业，我没有太多经验，只能不断地尝试，花了不少成本，这是我遇到的最大困难。”杨宁说。两届大学生村官任期结束后，杨宁选择继续留在江门村。2017 年，她当选为村委会主任。

杨宁在走访贫困户时，看见村民家里有紫色糯米，很是好奇。村民告诉她，紫黑香糯是糯米的一个品种，在市场上卖得很好。杨宁算了一笔账，种紫黑香糯的收益是普通糯米的两倍，一定可以成为帮助群众增收的新路子。

找到新的产业发展方向后，她鼓励村民用“稻 + 鸭 + 鱼”共作模式种植紫黑香糯，然而很多村民并不信任她。因为之前在探索产业发展过程中，杨宁带领他们种葛根、种辣椒，都没赚到钱。

“我和村里的党员干部带头，率先发展产业，并向村民承诺，如果出了问题，损失我们来兜底。”杨宁说，最终村民被打动了，选择跟她一起干。

在她的带领下，江门村村民种植了 120 多亩紫黑香糯，每亩增收 1500 多元。杨宁又动员村民种植高山泉水西瓜、黄金百香果和高

◎ 杨宁带领村民种植辣椒

山蔬菜等特色农产品。随着产业发展越来越好，2020 年，江门村 94 户 326 人全部实现脱贫。

“脱贫只是起点，乡村振兴是新的战场。我要继续贡献青春力量，带领乡亲们过上更好、更富足的生活。”杨宁说。

如今，江门村一步步地发展起了西瓜、香菇、木耳等特色产业，创建了“苗阿嫂”“苗阿公”品牌，还在村里建起腊味加工厂。村里还规划了乡村振兴产业园示范园区，已完成选址。“随着村里农产品加工能力的提升，电商服务中心也会进一步升级发展，这个平台将发挥更重要的作用。”杨宁说，2016 年起，她联手融水苗族自治县的 6 个大学生村官成立电商服务中心，至今已帮助村民销售 900 多万元的特色农产品。

“全国脱贫攻坚先进个人”“中国青年五四奖章”“全国优秀党

务工作者”……因带领家乡人民致富表现突出，各种荣誉纷至沓来。“这些荣誉是鼓励，更是鞭策，让我深感自身背负的职责使命。我要更加脚踏实地，开启全新征程。”杨宁说。

从穷乡僻壤的深山苗寨，到瓜果飘香的世外桃源……看着家乡的变化，杨宁觉得一切付出都是值得的。“广阔天地真的大有可为。希望能有更多年轻人到农村来，在新时代汇聚起乡村振兴的蓬勃力量。”杨宁说。

《经济日报》2022 年 7 月 2 日

带领大苗山乡亲过上更红火的日子

◎高　峰

“今年的中央一号文件提出了全面推进乡村振兴重点工作，比对我们江门村还有很长的一段路要走，要努力加油干啊！”从北京冬奥会火炬传递回来，时不我待的紧迫感常常萦绕在杨宁的心头，催促着她更加专心投入乡村振兴。

杨宁是广西壮族自治区柳州市融水苗族自治县安陲乡江门村党总支书记、村委会主任。2021 年 2 月 25 日，在全国脱贫攻坚总结表彰大会上，她作为全国脱贫攻坚先进个人代表接受习近平总书记的颁奖。“现在回想起来，还是很激动。”杨宁说。

一年后，杨宁又一次来到了北京，受邀参加冬奥会火炬传递。“2 月 3 日，我在张家口张北县德胜村负责第五棒火炬的传递，看到那里的村容村貌特别好，老百姓的日子过得红红火火，这是我们学习、追赶的目标。”杨宁说。

其实，在家乡苗族群众眼里，杨宁已经很优秀，做得足够好。大

◎ 杨宁获全国三八红旗手称号

学毕业回乡工作 12 年，她不仅带领全村人脱贫，致富道路还越走越宽。

地处高寒山区的江门村，是一个以苗族为主的少数民族聚居的山村，全村辖江门、滩底、古龙等 12 个自然屯，共有村民 501 户 1951 人。村民住得分散，山多地少，2015 年精准识别建档立卡贫困户 95 户 327 人，贫困发生率 20%。

2010 年，杨宁从广西大学工商管理专业毕业，毅然回到江门村，当起了村支书助理。“见过城市的高楼大厦和高速发展，回来后发现村里道路泥泞、房屋破旧、没有产业，贫穷落后深深刺痛了我的心，我当时就是想要改变江门村的面貌，让村民富裕起来。”杨宁说。

江门村空巢老人多。为了给符合条件的老人申请低保，杨宁在村委会从早上 8 点一直忙到晚上 6 点，帮老人填写申请资料。第二天，一位老人拿着两个皱巴巴的橘子，一定要送给她吃，以示感谢。

朴素真挚的民风感动着杨宁。她带领村民发展了竹片加工、高山生态种植产业，一步一步地将苗寨里的特产推到全国各地，赚回了一把把钱，赢得了苗寨乡亲们的肯定和信任。

“你能留下来我很高兴，在我们村很难得有你这样一位大学生！”2017年村委换届选举，在老主任的鼓励下，杨宁顺利当选并成为融水县第一位大学生村委会主任。

贫困妇女沈美花一家三口，丈夫遭遇意外丧失劳动能力，家里除了两亩地，西瓜便是最主要的经济来源。为了卖瓜，沈美花常常挑着一担担西瓜下山，坐车到乡里街道挨家挨户叫卖。杨宁看着心疼，就把沈美花挑西瓜下山的照片加上文字一起发到了朋友圈，义务帮她卖完了当年所种的西瓜。

杨宁意识到，单打独斗抗衡不了市场风险。于是，她把村里守家的妇女组织起来，成立了“苗阿嫂种植专业合作社”，统一了高山泉水西瓜、高山黄金百香果、高山生态水稻等特色作物的种植标准，统一销售。成立合作社头一年，西瓜销量增加了10倍。

有一年，三江县妇联在江门村举办首届苗阿嫂高山泉水西瓜农耕文化节，杨宁把好几位苗阿嫂请上主席台发言。后来，沈美花对杨宁说：“像我们这样的妇女，能够上台讲话，从古到今这是第一次，杨主任，你真是让我们扬眉吐气了！”

抱团发展产业，激发了江门村妇女的内生动力，在脱贫攻坚的主战场上发挥着半边天作用。2020年年底，全村全部脱贫，村民人均纯收入从1000多元增长到7000多元。

2021年年初，杨宁当选江门村党总支书记、村委会主任。“一肩挑”的她，担子更重了。

脱贫摘帽不是终点，而是新生活、新奋斗的起点。杨宁在做好“苗阿公”“苗阿嫂”品牌运营的基础上，继续带领村“两委”干部，探索利用“党支部+村民合作社+党员+农户”模式，建设标准化生猪养殖场，建立集生猪养殖、肉制品加工、电商销售于一体的产业链。

家乡竹林茂密，生态环境良好，这两年杨宁又推动大家种植竹荪，面积近 30 亩。“竹荪亩产可达 3500 元，单这一项，参与种植的村民就能保底收入 8 万元。”杨宁说，要依托大苗山的原生态资源优势，做大做强特色种养产业，让村民的收入更多，生活更好。

漫漫征途，唯有奋斗。参与冬奥会火炬传递，见证中国健儿取得佳绩，杨宁深受鼓舞：“我们苗族同胞永远铭记党的恩情、永远跟党走，接下来我们还要传承奋勇拼搏的奥运精神，在新征程上扎实推进乡村振兴，带领大苗山乡亲过上更红火的日子。”

《中国妇女报》2022 年 3 月 16 日

2022

最美巾帼奋斗者

甘公荣

甘公荣：一心为“公”再创光“荣”

甘公荣，1958 年出生，江西省莲花县人，莲花县工商银行退休职工，是“将军农民”甘祖昌和全国道德模范龚全珍老阿姨的三女儿，1974 年 7 月参加工作，1996 年 6 月加入中国共产党，曾获全国劳动模范、全国三八红旗手、全国工商银行系统“十佳储蓄员”、全国离退休干部先进个人、江西省三八红旗手、江西省文明优质服务标兵、江西省巾帼英豪、萍乡市十大杰出青年等一系列称号。现任江西省妇联兼职副主席、萍乡市莲花县龚全珍志愿者协会顾问等。

平凡岗位的实干者

1958 年，甘公荣出生在沿背村。“当时，爸爸带着妈妈从新疆军区辞职回乡，当了一年多的农民。大队的乡亲们总喜欢叫爸爸将军，可是爸爸总是跟大家说，现在他就是一农民，不是什么将军。”

时隔几十年，甘公荣仍对爸爸当年的言行记忆深刻。

从新疆军区卸甲归农几十年，甘将军带领着乡亲们开荒地、修桥梁、建水库，义无反顾地挑起了一个老红军的担子。言传身教之下，“不摆架子挑担子”的思想早早地在甘公荣的心底扎了根。

1974 年，甘公荣初中毕业，她中考成绩超过了高中录取分数线。但由于上学的指标有限，甘将军要甘公荣把上学的机会让给更需要的孩子，劝她先当几年农民学种田。“开始，我有点不愿意，因为不想放弃继续学习的机会。可是一想起爸爸的所作所为，我就觉得惭愧。最后，我还是选择在家当起了农民，跟着大家一起犁田、耕地、插秧、干农活。”小小的甘公荣在甘将军的影响下第一次挑起了人生中的担子。很快，甘公荣成了乡亲们交口称赞的庄稼好手，也初次体会到挑担子的自豪感。

走上工作岗位后，不论是在县电影队放电影，还是在县工商银行当储蓄员，甘公荣都能服从组织安排，虚心做人，挑好担子，专心做事。甘公荣先后担任过生产队妇女队长、公社团委副书记兼大队团支部书记、县电影队工人、县工商银行储蓄员。在做储蓄员的 10 多年间，她经手了数亿元人民币，没出过丝毫差错，先后多次获得全国、省、市表彰。

2001 年，全国金融系统改制，部分职工对改革政策有意见，甘公荣向组织提出内退，回家做起了家庭妇女。有人曾问她，“你是全国金融系统劳动模范，就这么内退，是不是太可惜了？”不管是回答别人，还是回答自己，甘公荣的答案永远都是“值得！”二字：“如果大家都不带头，都不牺牲，国家的政策就没办法推行，那大家的利益就会受损，这是爸爸绝对不会答应的事情。”

扶贫帮困的践行者

“公荣阿姨，您真是个好人！”这是很多被救助的孩子经常对甘公荣讲的一句话。可是在甘公荣心里，她从来不认为自己在做多大的好事，她总说：“我只是没有忘记爸爸妈妈的叮嘱，尽我自己的力量做一些力所能及的事。”

在父亲生前的一再教诲和言传身教下，受母亲潜移默化的影响，甘公荣为扶贫帮困倾注了很多心血。2011 年，龚全珍在居住地金城社区成立了龚全珍工作室，开展革命理想信念教育和慈善、志愿等活动。她一边协助母亲到工作室与群众谈心解惑，一边带领志愿者服务队开展志愿活动，还带领家人和志愿者在城北小学设立了阳光

◎ 甘公荣给被救助学生送去学习用品

小屋，定期关爱那里的60多名留守儿童。每年的六一儿童节，她总要到结对的孩子家里走一走、坐一坐，带上孩子们需要的学习用品，为她们带去鼓励、送去温暖。“每当看到孩子们那不受学费困扰的开心笑容，我就觉得特别满足，特别快乐。我想，妈妈常说的‘帮助别人就是快乐自己’就是这个意思吧。”甘公荣这样说道。

2013年年底，龚全珍爱心救助基金会成立，想到母亲日渐衰老，甘公荣主动接过爱心接力棒，积极参与到爱心救助基金会的日常管理中。她联系捐款单位和个人募集资金，定期到贫困家庭调查走访，发放贫困家庭救助金，公示资金来源和去向……

每一个环节甘公荣都亲力亲为，不允许自己有一丁点马虎。她真诚地说：“我们发放救助金前一定要到这户人家去实地走访，只有真正困难才能享受救助金，因为当时妈妈成立这个基金会的初衷就是帮助困难的人，我不能砸了妈妈的牌子。”

到现在，爱心救助基金会已募集资金60多万元，帮助贫困学生和困难群众上百人。龚全珍工作室在全国遍地开花，萍乡市就有500多个，8000多名党员干部加入了这个助人为乐的大家庭。

2018年，该基金会凭借成熟的经验，顺利申请到中国扶贫基金会发起的关爱留守儿童项目，并在莲花县建立了10个“童伴妈妈”项目点。

节假日是甘公荣最忙的时候：六一儿童节，她要带上学习用品到结对的孩子家里看一看，到各个学校里去瞧一瞧；每逢重阳、春节，她更多的心思放在了孤寡老人、空巢老人的身上，想尽办法将温暖和爱心送到老人的身边。

1999年，甘公荣得知湖上中学学生李建平的父亲患癌症去世，母亲瘫痪在床，生活十分困难，李建平想辍学回家。甘公荣主动与李建平结成帮扶对子，每月资助李建平上学。李建平现在在莲花公路局上班，家庭情况也逐步好转。这些年来，她省吃俭用，一直在一对一扶持贫困学生，先后捐款 5 万多元资助贫困学生。

除了扶贫助学外，甘公荣更是热心社会各项公益事业。前几年，县里东门桥重修，资金方面有短缺，甘公荣赶忙跑到相关单位捐款，虽然她的退休工资不高，家庭也不富裕，但是她说我们每一个人都是社会的一分子，应该尽到自己的力量。城北小学“警毓楼”里面有一群特殊的寄宿儿童，他们大部分是孤儿、留守儿童，得知孩子们缺少晚间辅导，甘公荣发起晚间“2 个小时的爱”活动，并招募了 20 余名志愿者教师，每周为孩子们上辅导课，同时，邀请专业心理老师对孩子进行心理疏导，助力留守困境儿童全面成长。近年来，她个人对孩子的帮扶资金达 15 万元，累计对接项目、赞助达 400 余万元，参与志愿服务时长近 8000 个小时。

红色基因的传承者

作为开国将军的女儿，她有着令人艳羡的身家背景，却没有享受过常人想象中的“特权生活”，但是她依然任劳任怨地当农民、孜孜不倦勤学习、兢兢业业干工作，用艰苦奋斗、敬业奉献的实际行动牢记将军嘱托；作为全国道德模范的家属，甘公荣在耳濡目染中积极投身公益事业，结对帮扶困难学生、走访慰问孤寡老人、扶贫济困患病群众……用一颗爱人之心传承高尚品德。她的身上，传承着父母的红色基因；她的言行，深深地打下了父母的烙印。她特殊着，也平凡着；她平凡着，也不平凡着。

甘祖昌和龚全珍都经历了革命战争年代，有着深厚的革命情怀。作为他们的子女，甘公荣从小就接受严格的家风家规教育，比同龄人更早地接受了理想信念和革命传统洗礼。中国井冈山干部学院长期邀请她到学院为全国各地的学员讲述艰苦奋斗精神，同时，她也是“赣鄱红色娘子军”骨干宣讲员，通过线上线下宣讲，聆听过她讲课的全国学员超过 800 万人次。

从莲花到井冈山干部学院，山路崎岖、弯多路窄，对于晕车的甘公荣来说是一种煎熬，但是甘公荣还是咬牙坚持下来。问起坚持的原因，甘公荣说：“爸爸他们当年还翻雪山过草地呢，我这点困难算什么？”就这样，甘公荣一遍又一遍往返于井冈山至莲花县的山路上，把革命理想信念播撒到越来越多人的心中。

在井冈山干部学院，甘公荣认识了很多为革命抛头颅、洒热血的革命烈士后代。他们跟甘公荣一样，都在默默地践行着父辈的誓言，坚定地弘扬父辈艰苦奋斗、无私奉献的精神。每次从学院回来，甘公荣就告诫自己和子女：“我们不能给两位老人抹黑，要接好他们的接力棒，在自己的工作岗位上老老实实做人、勤勤恳恳干事，力所能及地多帮助他人。”

爸爸说过的“要挑老红军的担子，不摆老红军的架子”，妈妈常挂在嘴边的“帮助别人快乐自己”，是甘公荣家的传家宝。作为名门之后，甘公荣继承家门的革命传统和红色基因，在参加红色宣讲和爱心活动时，常常把自己的儿子、儿媳也带上，她认为自己有责任和义务把爸爸妈妈的好精神好作风传送到下一代，在红色精神传承的道路上不能停歇。如今，儿子和儿媳接过接力棒，主动加入了志愿者队伍，成为志愿者队伍的爱心主力，带领基金会志愿者去村里走访困难学生，沿着甘将军、老阿姨走过的路继续前进。2016年，这个有着优良家风的家庭获评首届“全国文明家庭”。这个家庭在甘公荣的带领下，继续用实际行动传承好家风，在无私奉献的道路上砥砺前行。

江西省妇女联合会供稿

把革命理想信念播撒到更多人心中

◎ 刘　旭

作为“将军农民”甘祖昌和全国道德模范“老阿姨”龚全珍的女儿，全国三八红旗手标兵甘公荣有着令人艳羡的家庭背景，但出生在农村的她却从没享受过所谓的“特权生活”。甘公荣的身上，传承着父母的红色基因；她的言行，深深地打下了父母的烙印，她一直是那个平凡岗位的实干者、扶危帮困的践行者。发生在她身上的两个数字是最好的注脚——参与志愿服务时长近 8000 个小时；聆听过她关于艰苦奋斗精神讲课的全国学员超过 800 万人次。

1958 年，甘公荣出生在江西省莲花县沿背村。“当时，爸爸带着妈妈从新疆军区辞职回乡，当了一年多的农民。听说那时大队的乡亲们总喜欢叫爸爸将军，可是爸爸总是跟大家说，现在他就是一农民，不是什么将军。”甘公荣说。

在甘将军言传身教之下，“不摆架子挑担子”的思想早早地在甘公荣的心底扎了根。

1974 年，甘公荣初中毕业，她中考成绩超过了高中录取分数线。但由于上学的指标有限，甘将军要甘公荣把上学的机会让给其他更需要的孩子，劝她先当几年农民学种田。“开始，我有点不愿意，因为不想放弃继续学习的机会。可是一想起爸爸曾经的所作所为，我就觉得惭愧。最后，我还是选择在家当起了农民，跟着大家一起犁田、耕地、插秧、干农活。”小小的甘公荣在甘将军的影响下第一次挑起了人生中的担子。很快，甘公荣成了乡亲们交口称赞的庄稼好手，也初次体会到挑担子的自豪感。

走上工作岗位后，不论是在县电影队放电影，还是在县工商银行当储蓄员，甘公荣都能服从组织安排，虚心做人，挑好担子，专心做事。甘公荣先后担任过生产队妇女队长、公社团委副书记兼大队团支部书记、县电影队工人、县工商银行储蓄员。在做储蓄员的十多年间，她经手了数亿元人民币，没出过丝毫差错，先后多次获得全国、省、市表彰。

在父亲生前的一再教诲和言传身教下，受母亲潜移默化的影响，甘公荣为扶贫帮困倾注了很多心血。

2011 年，母亲龚全珍在居住地莲花县金城社区成立了龚全珍工作室，开展革命理想信念教育和慈善、志愿等活动。甘公荣一边协助母亲到工作室与群众谈心解惑，一边带领志愿者服务队开展志愿活动，还带领家人和志愿者在城北小学设立了阳光小屋，定期为那里的 60 多名留守儿童提供帮助。每年的六一儿童节，她总要到结对的孩子家里走一走、坐一坐，带上孩子们需要的学习用品，为他们带去鼓励送去温暖。“每当看到孩子们那不受学费困扰的开心笑容，我就觉得特别满足、特别快乐。我想，妈妈常说的‘帮助别人就是快乐自己’就是这个意思吧。”甘公荣这样说。

“公荣阿姨，您真是个好人！”这是很多被救助的孩子经常对甘公荣讲的一句话。可是在甘公荣心里，她从来不认为自己在做多大的好事，她总说：“我只是没有忘记爸爸妈妈的叮嘱，尽我自己的力量做一些力所能及的事。”

2013 年年底，龚全珍爱心救助基金会成立，想到母亲日渐年老，甘公荣主动接过爱心接力棒，积极参与到爱心救助基金会的日常管理中。她联系捐款单位和个人募集资金，定期到贫困家庭调查走访，发放贫困家庭救助金，公示资金来源和去向……

每一个环节甘公荣都亲力亲为，不允许自己有一丁点马虎。她真诚地说：“我们发放救助金前，一定要到这户人家去实地走访，只有真正困难才能享受救助金。因为当时妈妈成立这个基金会的初衷就是帮助困难的人，我不能砸了妈妈的牌子。”

到现在，爱心救助基金会已募集资金 60 多万元，帮助贫困学生和困难群众上百人。龚全珍工作室遍地开花，仅萍乡市就有 500 多个，8000 多名党员干部加入了这个助人为乐的大家庭。

2018 年，该基金会凭借成熟的经验，顺利申请到中国扶贫基金会发起的关爱留守儿童项目，并在莲花县建立了 10 个“童伴妈妈”项目点。

除了尽心运营龚全珍爱心救助基金会，甘公荣还一直热心各项社会公益事业。前几年，县里东门桥重修，资金方面有短缺，甘公荣赶忙跑到相关单位捐款。虽然她的退休金不高，家庭也不富裕，但是她说，我们每一个人都是社会的一分子，应该尽到自己的力量。城北小学“警毓楼”里有一群特殊的寄宿儿童，他们大部分是孤儿、留守儿童。得知孩子们缺少晚间辅导，甘公荣发起晚间“2个小时的爱”活动，并招募了20余名志愿者教师，每周为孩子们上辅导课。同时，她还邀请专业心理老师对孩子进行心理疏导，助力留守困境儿童全面成长。近年来，她个人对孩子的帮扶资金达15万元，累计对接项目、赞助达400余万元，参与志愿服务时长近8000个小时。

甘祖昌和龚全珍都经历了革命战争年代，有着深厚的革命情怀。作为他们的子女，甘公荣从小就接受严格的家风家规教育，比同龄人更早接受了理想信念和革命传统教育。因此，中国井冈山干部学院长期邀请甘公荣到学院为全国各地的学员讲述艰苦奋斗精神。同时，她也是“赣鄱红色娘子军”骨干宣讲员。通过线上线下宣讲，聆听过她讲课的全国学员超过800万人次。

从莲花到井冈山干部学院，山路崎岖、弯多路窄，对于晕车的甘公荣来说是一种煎熬，但她咬牙坚持了下来。问起坚持的原因，

◎ 甘公荣作为“赣鄱红色娘子军”骨干成员为学员宣讲

甘公荣说："爸爸他们当年还翻雪山过草地呢，我这点儿困难算什么？"就这样，甘公荣一遍又一遍往返于井冈山至莲花县的山路上，把革命理想信念播撒到越来越多人的心中。

在井冈山干部学院，甘公荣认识了很多为革命抛头颅、洒热血的革命烈士后代。他们跟甘公荣一样，默默践行着父辈的誓言，坚定弘扬父辈艰苦奋斗、无私奉献的精神。每次从学院回来，甘公荣就告诫自己和子女："我们不能给两位老人抹黑，要接好他们的接力棒，在自己的工作岗位上老老实实做人、勤勤恳恳干事，力所能及地多帮助他人。"

《中国妇女报》2022年3月10日

让红色基因红色家风代代传承

◎刘 旭

井冈山是中国革命的摇篮。2021 年 6 月 23 日，在井冈山上的茨坪镇茨坪社区，一场“赣鄱红色娘子军”宣讲团的红色宣讲正在进行，台上的宣讲员名叫甘公荣。

此前，由江西省妇联组织的“赣鄱巾帼心向党 扬帆奋进新征程”赣鄱红色娘子军宣讲团庆祝建党百年主题宣讲已经走遍了江西全省 11 个设区市，作为甘祖昌老将军和龚全珍老阿姨的女儿，甘公荣全程参与了主题宣讲。宣讲中，甘公荣说，爸爸妈妈经常教育子女要“听党话、感党恩、跟党走，老老实实做人、勤勤恳恳做事，勤俭节约、艰苦奋斗，帮助别人、快乐自己”。她说会把父母的教诲当作传家宝，一代一代传下去。

因受井冈山干部学院邀请在井冈山定期为来自全国的学员宣讲，6 月 23 日当天，甘公荣再次讲起红色基因传承的故事。

甘祖昌 1905 年出生在江西省萍乡市莲花县桥头村一个贫困的家庭，1926 年参加革命，1928 年参加红军，参加过二万五千里长征，之后参加了抗日战争、解放战争。1949 年，新疆和平解放，甘祖昌随部队到了新疆，任新疆军区后勤部长，1955 年被授予少将军衔。

在长期的革命战争中，甘祖昌头部三次负重伤，严重的脑震荡后遗症使他难以坚持领导工作，领导和同志们都建议他到条件比较好的地方去长期休养，但甘祖昌却坚决要求回到家乡务农。

据甘公荣介绍，1957 年甘祖昌主动要求回到老家以后，对家里、对子女要求非常严格。甘祖昌规定子女们的衣服是“新三年，旧三年，缝缝补补又三年”，哥哥姐姐穿了弟弟妹妹穿，实在不能穿了再做鞋和袜底。

“爸爸为什么这么节约，他节省的钱都拿去建设家乡了”，甘公荣说。的确如此，为给家乡建设积累资金，甘祖昌回到农村后，全家一直过着节俭的生活。可是，修水库、修电站、买拖拉机、修桥、修路，帮助困难群众，只要是支援家乡建设，为乡亲们扶贫救危，他都十分慷慨。

龚全珍 1923 年出生在山东烟台，1949 年从西北大学毕业，毕业后参军分到新疆八一子弟学校教书。1957 年 8 月，龚全珍随甘祖昌回乡务农并一直从事乡村教师工作。离休后，又扶贫助学，开办“龚全珍工作室”服务社区、群众。习近平总书记在接见龚全珍时，曾亲切地称她为“老阿姨”。

甘祖昌和龚全珍的事迹早已传遍大江南北，也影响了许许多多的人。

而在爸爸妈妈的影响下，甘公荣也一直在做公益。从 1991 年开始她就一对一帮扶学生，一直没有间断过，到底帮助了多少学生和困难群众，她已记不清了。

◎ 甘公荣（前排左二）与志愿者们给社区老人送福利

如今，作为全国妇联执委、江西省妇联兼职副主席，甘公荣一直在为妇女儿童事业发展做一些力所能及的事情，她还发起成立了“巾帼志愿者服务队”，努力服务更多群众。

2019 年江西省“赣鄱红色娘子军”宣讲团成立，甘公荣成为首批“赣鄱红色娘子军”宣讲员。下农村、进厂矿、去学校，深入田间地头，她与妇女群众面对面讲甘祖昌和龚全珍的故事，讲党的好干部好作风的故事，帮助妇女姐妹深刻理解中国共产党为什么能，马克思主义为什么行，中国特色社会主义为什么好。她说，自己一定努力为妇女和儿童多做一些实事，这是她的职责和使命。

《中国妇女报》2021 年 6 月 23 日

芳　华

◎ 尹晓军　刘启红

晴川历历，莲江绵绵。在罗霄山脉的玉臂环抱之中，全国唯一以花卉命名的行政县——莲花县，如同一颗璀璨的明珠，以红色、绿色的独特禀赋，耀世而立。与之相得益彰的，还有“将军农民”甘祖昌与全国道德模范龚全珍共同谱写的“万里征程为初心，夫妻接力践使命”的动人篇章，为广大党员干部树立了光辉典范。

他们的旗帜没有褪色，一段新的荣光正在热续。承继父母的精神，莲花县工商银行退休职工甘公荣，又以超然物外之境，书写着属于自己的芳华。

不争
——梅花风骨孕家风

如果把甘祖昌比喻为一种花，好多人说，出生入死、历经磨难的他，就像是凌寒独自开、俏也不争春的梅花。他，卸去功与名，隐于穷乡僻壤，为改变当地落后面貌，一心为公、两袖清风。

甘祖昌是这样做的，他也严格要求家人这样做。他谆谆告诫子女：“要挑老红军的担子，不摆老红军的架子。”

甘公荣很长时间都不知道爸爸的身份。直到她上初中时，有一次翻晒箱子里的衣服，看到爸爸的少将服，才知道爸爸是别人眼里“当大官”的人。

尽管是“红二代”，但在甘公荣的印象中，一家人从不搞特殊，也从未享受过特殊。少年时，她和当地的农村孩子一样，打赤脚、扯猪草、捡猪粪、放牛、喂猪、养鸡鸭……特别是大队集体劳动时，甘祖昌要求子女“出工走前面，收工走后面”。“长大后我才明白，这是爸爸从小就在给我们灌输‘吃苦在前，享受在后’的思想。”甘公荣动情地说。

甘公荣记得，小时候，她想要一件新衣服过年，母亲不肯，她便闹了起来，“人家都有，为什么我不能有？”到最后，爸爸也心疼，说：“老龚啊，你把那床缎子被面拆下来，给公荣做件新衣吧。”夫妻俩还趁机给甘公荣上起了思想政治课：“以后要记得，衣服能穿就行，要做到勤俭节约。”

在此后的生活中，甘公荣穿衣服都是“新三年，旧三年，缝缝补补又三年”。哪怕是现在，她还时常穿着一件穿了几十年的衣服。

甘公荣记得，初中毕业时，是有名额限制、以推荐的程序来上高中的，按成绩她完全符合条件。那会儿她与堂哥、侄子 3 人同班，不可能同时推荐。班主任家访时，当面请求她爸爸给县里有关部门打个招呼，多搞几个指标，好让三人都能上高中。爸爸听后当即回绝了，并把他们三个叫到身边告诉老师：“我们家三个孩子都不要推荐，把机会让给别人。”听到爸爸这样说，她急得大哭起来。这时，爸爸从二楼拿出一双布鞋，告诉她，这是他的战友刘春元叔叔牺牲前交给他的，临终时叔叔只说了一句话，“一定要走向胜利，让老百姓过上好生活。”爸爸说，先烈们为了新中国、为了人民过上幸福生活，连命都不要了，“如果是通过考试上高中，你们能考上，三个都去读。现在既然是推荐，那你们就都把名额让出来！”

在此后的生活中，甘公荣安心务农，还放弃了“顶替”母亲做老师的机会，又当了5年电影放映员，才在1983年调入县工商银行做了一名普通的储蓄员。

甘公荣记得，小学四年级时的一天，她一个人在家里，村里一名妇女提了一只鸡和一袋烟叶来给爸爸“送礼”。原来，这名妇女的丈夫一直跟着爸爸修水库，在工地上被毒蛇咬伤，昏倒在草丛里无人知晓。好在爸爸及时派人找到了他并送往医院进行抢救，最终转危为安。入院时，爸爸通知医院，“尽管救人，医药费不用管，这个钱我来出，不要告诉任何人。”当这个人出院时，惊讶地发现，“别人住院都要付钱，怎么我不用？”于是，他缠着医护人员，才知道是“甘部长”救了自己。为了表示感激之情，他让妻子上门答谢。深知爸爸脾气的甘公荣再三推让硬塞过来的“礼品”。僵持之下，她灵机一动，从家里拿了两瓶酒和一些鸡蛋回送给对方。爸爸回来后，她把事情复述了一遍，满心希望能得到爸爸的表扬。爸爸只说了一句话：“没想到你这么小，还懂得换位思考。但以后不管什么情况，都不能要别人的东西。这是我们家的家规！”

在此后的生活当中，甘公荣铭记，帮助别人，不需要计名计利，更不需要回报。

不显
——荷花风度铸家风

如果把龚全珍比喻为一种花，好多人说，出身名门、大家闺秀的她就像是“出淤泥而不染，濯清涟而不妖”的荷花。她，抛弃荣华富贵，夫唱妇随，无惧穷乡僻壤，投身于莲花这片村野陌土，数十年如一日扎根山区，为教书育人、扶贫济困而默默奉献、无怨无悔。

龚全珍是这样做的，她也严格要求家人这样做。她谆谆告诫子女：“活着就要为国家做事情。做工作要根据自己的能力，做不了大事就做小事，干不了复杂重要的工作，就做简单的工作，决不能无功受禄，决不能不劳而获。”

◎ 甘公荣和家人在一起

很多人都知道龚全珍的先进事迹，可甘公荣却经历了很长一段时间，才懂得了妈妈的伟大。

甘公荣记得，妈妈总是交代儿女们照顾好爸爸，自己却待在学校长期不顾家。更让她不理解的是，妈妈不让儿女们在学校喊她“妈妈”，必须叫“老师”。有一次，哥哥上课时开小差，讲台上的妈妈发现后故意点名叫他回答问题。哥哥下意识地回了一句：“妈妈，你说什么？”回来后，哥哥被妈妈狠狠批评了一顿。龚全珍告诉他们兄妹，在学校，只有老师的身份，没有妈妈的身份，全体学生都是平等的，没有任何特殊化。

在此后的生活中，甘公荣总认为妈妈是同学们的妈妈，常常满怀一肚子的委屈。

甘公荣记得，有一次，看到其他小姐妹买布料做新衣服，她也到生产队领取了用工分挣来的工钱，买了一块布料。回到家，她兴冲冲地给妈妈看，没想到妈妈批评她“这么小就学会了攀比”。她故意顶撞妈妈，大声反驳：“为什么我不能买，我用自己的劳动所得，又没有拿你的钱。”听到吵闹的爸爸把她叫到身边，语重心长地说：“你不对，妈妈说得对，在生活上我们不能和别人攀比，永远要保持艰苦朴素、勤俭节约的作风。”

在此后的生活中，甘公荣总认为“妈妈是一个不近人情的妈妈”，常常满怀一肚子的抵触。

甘公荣记得，1991 年，她获得了全国工商银行系统“十佳储蓄员”荣誉称号，要去北京受奖。第一次见识大城市，她忽然体会到了城市与农村的天壤之别，这才切身感受到了妈妈从山东烟台、从新疆乌鲁木齐等城市，一路走到莲花，在环境落差、身份落差、生活落差中的艰辛与不易。

回到家，她为曾经的执拗与任性而后悔，真诚地向妈妈道歉：“妈妈，对不起。我不知道城市与农村有这么大的区别，你跟爸爸能回来，真的很了不起！”

2011 年，龚全珍在居住地莲花县金城社区成立了龚全珍工作室，下设阳光驿站、温馨驿站、帮帮团和志愿者服务队等，在全县广泛开展革命理想信念教育和慈善、志愿服务活动。从这里，甘公荣追随妈妈的步伐，一路参加公益，一路听到、看到妈妈所教过的学生、所帮助过的人们，一遍遍传扬着妈妈的好、表达着对妈妈的爱。她从心底里敬重与佩服，“妈妈是一个有着高尚情操、高贵人格的妈妈”。

不懈
——菊花风格传家风

如果把甘公荣比喻为一种花，好多人说，将军之后、名人之后的她，就像是“土花能白又能红，晚节犹能爱此工”的菊花。她，传承红色基因、赓续红色血脉，踏访重山复水，扶危济困、热心公益，乐此不疲、矢志不渝。

甘公荣深深明白，爸爸妈妈都是爱岗敬业的人、都是公而忘私的人、都是为人民谋幸福的人，她也要做这样的人。

顶着将军之女的光环，甘公荣不敢有丝毫懈怠，因为她不能给爸爸抹黑。在莲花县工商银行当储蓄员时，为了收款，别人不愿意干的事，她却抢着干。有时，她还带着干粮上门上户，饿了就着开水吃，以良好的服务赢得了群众的信任。

有一次，一位老人把卖瓜子积攒的一篮子零钱提到银行，甘公荣主动揽责，一个一个硬币、一张一张纸币地忙活了大半天，才把老人的1000多元钱整理好存入银行。还有一次，一名男子拿着存折来到柜台取款，她对了一下人名，又看了一下男子，发现这个人名是自己熟悉的客户，而男子却不是其本人。警觉的甘公荣立刻正告该男子："你是冒充的！"这个捡到存折想浑水摸鱼的男子听闻后落荒而逃，她也赶紧通知那名客户申请挂失，避免了损失。

在银行工作十几年间，甘公荣经手了上亿元人民币，没有出过丝毫差错；揽储了上千万元，是当时行里储蓄员平均业绩的3倍，曾先后获评全国金融系统服务标兵、全国金融系统劳动模范和全国劳动模范。

2000年，全国金融系统改制。甘公荣所在的单位顺应时势，计划精简岗位。作为老革命之后，又有一系列荣誉傍身，很多同事认为，怎么轮也轮不到甘公荣。但令大家意想不到的是，为了不让组织为难，更为了支持改革，她主动要求"内退"，"我身体不好，不能占着岗位，该让年轻人上"。

刚参加工作，甘公荣便积极向党组织靠拢，曾写过一次入党申请书，没有得到回应。她觉得是自己的历练不够，与爸爸妈妈相比，先进性差得很远，还需要付出更长时间的努力。直到她获评全国工商银行系统"十佳储蓄员"后，才底气足了几分，于是再次提交了入党申请书。1996年，她终于得偿所愿。"荣誉越多，责任越大。作为一名党员，要永远感党恩、听党话、跟党走。"甘公荣由衷地说。

不言
——桃花风采树家风

如果把志愿者比喻为一种花，好多人说，奉献他人、快乐自己的他们，就像是“一簇开无主，深红映浅红”的桃花。他们舍小家、顾大家，为救急救难、助贫助困而精诚团结、携手共助。甘公荣就是千万朵灼灼桃花的生动映照。

从储蓄员的岗位上退下来后，甘公荣便成为妈妈的左膀右臂，把公益事业当作人生的另一个春天。2013 年，龚全珍设立了龚全珍爱心救助基金会，甘公荣便帮着妈妈负责基金会的管理。正是在她的引领下，该基金会逐渐发展壮大，募集资金 179 万余元，至今已支出 140 万元，惠及群众上百人。除了基金会，甘公荣还成立了莲花县巾帼志愿者协会，发展义工 926 人。通过这些爱心组织、通过自己的爱心行为，甘公荣将大爱洒向城乡，点亮了一个县、温暖了一群人。

儿子金峰记得，早在 20 世纪 90 年代，妈妈甘公荣就曾长期资助一名贫困学生，每个月给他 100 元生活费。有一年春节，甘公荣给那名学生买了新衣服，愣是没有给自己儿子买，后来为了安慰他才到市场上买了一件廉价衣服作为补偿。甘公荣总是记得那名学生的生日，给他送礼物，却记不住自己儿子的生日，气得金峰曾哭着质问“到底谁是你的亲儿子”。

作为闺密，莲花县巾帼志愿者协会会长陈满娇记得，甘公荣经常在上门走访慰问时，“计划外”救助别人。无论在哪儿，遇到急难之人、急难之事，便会条件反射一般，自掏腰包，一路走一路散财，到最后口袋里空荡荡才作罢。2019年，甘公荣在萍乡市人民医院慰问一名基金会的救助对象时，听到一女子正向人哭诉无钱医治，打算放弃治疗。核实情况后，她掏出1万元，并告诉医院，如果后续治疗要用钱，直接找她。此后，甘公荣陆续替这名女子支付医药费，前前后后花了3万多元，以至于这名女子的丈夫以为这是公家给的钱，每次都对甘公荣说“感谢领导”。

景德镇陶瓷大学大二学生刘芊的妈妈刘小惠记得，因为治疗肾病，家里被拖垮了，女儿上学的费用没着落。是甘公荣第一时间伸出援手，与女儿结成一对一帮扶对象，从高一时开始资助，至今已有5年。在手机里，刘小惠仍保存着甘公荣在刘芊读大一时的2笔共1.2万元和大二上学期3笔共7400元的微信转账记录。幼年丧母的刘小惠满含热泪说：“公荣妈妈比我的亲生妈妈还亲。”

甘公荣的爱人金林记得，自参加公益活动以来，妻子经常“不落屋”。对于妻子的行为，他采取不反对、不干涉、不过问的原则。同时，在潜移默化之下，他还力所能及地帮着甘公荣处理相关事宜。每次有人来看望龚全珍时送的慰问金，他都一笔一笔登记造册，以来访者的名义，移交给基金会。“把家里的事做好，让她无后顾之忧，就是对她最大的支持。”金林平静地说。

好事做了多少桩？从口袋里掏出了多少钱？采访中，对于记者“习惯性”的提问，甘公荣都很平静地回答：“没记录，也不记得了。基金会的支出每一笔都有专人记录，我自己的就没必要记了。”

平静，仿佛是甘祖昌、龚全珍、甘公荣一家人与生俱来、沿袭已久的生活常态。在他们身上，没有将军“范儿”，也没有将军后人的“范儿”，有的只是梅花一般的净、荷花一般的洁、菊花一般的清。人生如花，清新淡雅。他们，以高尚的精神和高洁的家风为纽带，一路芳华，一路馨香！

《江西日报》2021 年 12 月 6 日

2022

最美巾帼奋斗者

吴蓉瑾

吴蓉瑾：给孩子爱的教育

上海市黄浦区卢湾一中心小学校长吴蓉瑾每天到校时都会给清晨的校园拍照，入夜时再拍一张学校的走廊。她将这些照片配上“爱的学校”“爱的走廊长又长”等文字，发在微信朋友圈，表达对学生的爱、对教育事业的爱。

在 27 年的教学生涯里，她以春风化雨般的关爱，滋润学生的心灵之花，当好青少年“拔节孕穗期”的耕耘者，用真情守护他们的身心健康；她积极探索信息技术与教育教学的深度融合，为学生提供个性化的学习空间，是主动适应数字时代教育改革实践的先锋人物；她牢记为党育人、为国育才宗旨，在全国率先组建小学生红色讲解员社团，16 年来培养千余名小讲解员，以童音讲党史，让“红色的种子”在孩子们心中生根，让爱党爱国的校园文化蔚然成风。她一路走来的足迹，映照出新时代人民教师的育人初心。

“以情育情”，培养孩子健全人格、健康德性和丰富情感

在同事、学生、家长的口中，吴蓉瑾有着不同的称号。在同事心中，她是大爱无疆的“种子教师”；在学生心中，她是能认出全校上千名学生并准确叫出每个人名字的“云朵妈妈”；在家长心中，她是手机24小时在线的“秒回校长”。

当初作为卢湾一中心小学的一名年轻班主任，吴蓉瑾率先在学校开设情感教育课，“以情育情”，目标是摆脱片面追求智能发展的教育，培养孩子健全人格、健康德行和丰富情感。

做第一个“吃螃蟹”的人，第一步该往哪走？吴蓉瑾想到曾给孩子们布置作文写“一件难忘的事”，当时班里大多数学生写的都是“捡手表”“陪盲人过马路”等，怎样才能让孩子真正“我手写我心”？她尝试让学生记录下自己生活中的“阴晴雨雪”，在被称作“晴雨表”的随笔簿上，学生有话则长，无话则短，老师不给评分，只写批复。批复不是简单的一个“阅”字，细细密密的红字传递着吴蓉瑾与学生的情感沟通——“今天为什么折手工纸呀？老师十分支持！”“宝宝今天做了一件错事，但你在‘晴雨表’里告诉了我，老师很欣慰。”孩子们一天天写，吴蓉瑾一篇篇回，在有来有往的交互中，学生们渐渐打开了心扉。

从帮助学生宣泄情绪，到积极情感引导，再到培养人格，吴蓉瑾的情感教育课已开设了17年。每周她都利用15分钟时间，坚持给学生上情感教育课，并写下了几千篇案例以及两本研究专著。

◎ 吴蓉瑾在给学生们上情感教育课

“我觉得爱不是教出来的，而是在平常种种细节中呈现的。”吴蓉瑾经常跟周围老师说，不爱孩子就不要做老师。课堂之外，吴蓉瑾经常会把班上一些学生带回家。这些学生不用发愁家长出差或是家里的老人身体不好，她会给孩子们做饭、补习功课。2019 年的一天，向来爱喝咖啡的吴蓉瑾在微信朋友圈发起了戒咖啡“打卡”，连续发了 400 多天。原来她在践行与一名学生的约定——这名学生因为生病吃不下饭，吴蓉瑾同其商定：“我戒掉喜爱的咖啡，你也要把吃不下的东西多吃几口，我们一起调整。”每当学生毕业，吴蓉瑾都会给孩子们送上一张小卡片，上面留有她的微信号，“有困难找‘云朵妈妈’，任何烦恼都可以”。

吴蓉瑾说：“这 27 年里，我每天不知疲倦、永葆激情地投入工作，因为这是我身为人师的一份责任。我想跟我的教育同行分享——爱孩子、尊重孩子，把每一个孩子都当成我们的心头至宝。

我想跟家长沟通——把那双小手交到我手里，给予我充分的信任支持。在我的眼里，每一个孩子都是含苞待放的花蕾，我会以爱和尊重守护他们这段历程，这是我的责任，也是我的快乐。”

构建“云课堂”，以信息化为大规模因材施教提供支撑

吴蓉瑾担任了卢湾一中心小学校领导后，要面对的学生从几十名变成了上千名。为了做到大规模因材施教，自2009年起，吴蓉瑾组织教师和技术团队探索信息技术与教育教学的深度融合：学校通过记录学生答题时间、正确率等信息为每一个孩子建立数据库，老师们通过解读研究这些数据，提炼出更具针对性的教学策略，找准每名学生的问题症结。

在卢湾一中心小学，学生们上课的状态能通过动作捕捉加上数据分析反馈给老师。上课铃响后，学生们登录教学平台，老师就可以通过学生的虚拟头像变色程度来判断学生的准备情况；学生在平台上选择适合自己的难度级别，老师会提供个别化指导；学生用“电子笔”在特定的本子上书写，老师能清晰看到孩子的书写习惯、思考路径。不少学生从这一创新的“云课堂”中获益匪浅。

一名四年级男学生平时聪明活泼，课堂表现也很积极，可考试成绩总是不尽如人意。吴蓉瑾和其他老师分析了他的笔记，发现他做题目会出现“大段大段的停顿”，这是思想开小差所致。吴蓉瑾便鼓励这名学生通过练习射击提高注意力。经过一学期射击训练，这名学生注意力不集中的问题有了极大改善，期末考试成绩明显提升。

“这就好比我们把每一个孩子都放在一个篮子里，把所有有关数据搁进去，为实现大规模因材施教提供支撑。”吴蓉瑾还带领“云团队”开发了多个“云系列”产品，“云手表”“云厨房”“云剧场”“云随行”等均申报了专利。

创办红色小讲解员社团，传承红色基因 培育红色传人

2005 年，上海市教委推动“馆校合作项目”，吴蓉瑾作为带队老师，带着卢湾一中心小学的学生们来到中共一大会址参观学习。本以为沉浸在这样的环境里，能让学生有所收获，吴蓉瑾却发现认真听讲的孩子很少。“如果一个中国孩子不能了解中国的历史，甚至对中国共产党不熟识，那是多么可悲的一件事情。”吴蓉瑾决心创办一个学生能听得懂的红色小讲解员社团，让孩子们能通俗易懂地了解红色历史。她从全校挑选出 15 名学生，组成了第一批小讲解员队伍。2006 年暑假，小讲解员们独当一面，为中共一大会址的参观者作讲解。吴蓉瑾对那天的画面记忆犹新：“因为要保护文物，室内没有空调。孩子们站在桌子靠里边的位置，我看到，他们的汗水从额头上冒出来，衬衫也湿透了。有老人听完讲解后夸赞孩子讲得好。对学生来说，这是一种多么宝贵的体验。”

如今，卢湾一中心小学的“红喇叭”小小讲解员社团已有 16 年的历史，那些平均年龄 10 岁的小讲解员被大家亲切地称为“传承路上的小不点”。孩子们的讲解稿从普通话版增加到沪语版、英语版，形式上增加了快板、连环画等，服务了几万名观众，红色种子也在

孩子们的内心生根发芽。16 年里，无论双休日、节假日、寒暑假，吴蓉瑾始终陪着孩子们打磨稿件、练习讲演，她见证了这个社团创下的多个“第一”：第一个和爱国主义教育基地合作签约的小学；全国第一个由小学生组建的讲解员社团；完成第一本属于小学段的儿童版讲解稿……

吴蓉瑾说：“情感教育应该从关注身边人、家事、社会事上升到家国情怀，让学生知道人最重要、最崇高的情感便是爱党爱国。”在她的带领下，还将有更多的小讲解员，将红色故事代代讲述下去。

上海市妇女联合会供稿

教有真情　育无止境

◎ 姜泓冰

中共一大会址纪念馆内，伴着快板节奏，脆生生的童音正将 100 年前中共一大会议召开的历史故事讲得既通俗易懂，又活泼生动。

16 年前，第一批小小讲解员在中共一大会址纪念馆开讲时，有一位老师一直用赞许、坚定的眼神默默鼓励他们。她，就是上海市黄浦区卢湾一中心小学校长吴蓉瑾。

“教有真情，育无止境”，一走进卢湾一中心小学一楼大厅，人们就能看到的这句教育理念，用来概括吴蓉瑾的 27 年教育生涯，很是恰切。

“用孩子们自己的语言，给同龄人讲党史”

卢湾一中心小学毗邻中共一大会址纪念馆。多年前，兼任少先队辅导员的语文老师吴蓉瑾在参观一大会址时发现孩子们听讲解不太认真，便在学校支持下展开调查研究。“建一支由少先队员组成、专门为小学生观众服务的讲解员队伍，让孩子们自己写讲解稿，用孩子们自己的语言，给同龄人讲党史！”吴蓉瑾说，想出这个新点子以后，她带领学生一同学党史、一同讨论撰写讲解稿、一同磨炼演讲技巧。“红喇叭”小小讲解员社团由此成立。

这支“红喇叭”，至今已培养了千余名小讲解员，志愿讲解场次超千场，已拓展出了沪语讲解、英语讲解、快板演出、连环画展示等多种形式。每一个双休日和节假日，只要没有出差和工作，吴蓉瑾都会站在一旁，用赞许的目光和温暖的笑容，默默守护着小讲解员们。

如今，在卢湾一中心小学，“中共一大会址纪念馆讲解”已成为一门特色课程。“这么多年来，讲解词始终铭记在我的脑海中。吴老师的教导在我心中种下了一粒红色种子，让我牢记红色历史、永远爱党爱国。”一位已是大学生的曾经的小讲解员这样说。

“情感教育，就是和孩子一起学会爱”

吴蓉瑾为当地人熟知，始于“情感教育”。20 年前，关注到一些孩子出现情感淡漠、自我意识过重等问题，她积极探索，每周利用 15 分钟午会课时间，开展情感教育课，提高孩子的沟通交流和情感表达能力。后来，她和同事们一起，把情感教育融入德育、美育、劳育等各个方面，构建起了包括 8 个板块、20 个专题的情感教育体系。

“情感教育，就是和孩子一起学会爱。”吴蓉瑾曾这样告诉同事贺春秋。贺春秋刚入职时，不小心摔倒受伤，吴蓉瑾指导她以此为素材，上了贺春秋的第一堂情感教育课——《爱护我自己》。贺春秋说，那节课上，她和学生们坐在一起交流各自的受伤经历，互相提醒，彼此关心，“那些温馨的情景十几年了还历历在目”。

吴蓉瑾的微信朋友圈常常“晒娃”。开学这几天，晒得最多的是一年级的孩子们，上课时专注的目光、吃饭后沾着饭粒的小脸……张张照片都满溢着她对孩子的喜爱与呵护。

每个学生毕业时，吴蓉瑾都会赠送一张附有自己联系方式的卡片。常有已毕业的学生找她交流，甚至其他学校的学生和家长也慕名找她，吴蓉瑾也乐意提供帮助。

“每天都有太多值得关注的细节”

作为教育专家，吴蓉瑾多次来往于上海和中西部教育薄弱地区之间，为各地教师开展培训。“吴校长去过很多地方，却没有旅游过。”一名老师说，吴蓉瑾总是把培训课程安排在下午，当晚返回，为的是第二天一早就能站在校门口迎接学生。

◎ 吴蓉瑾用最暖心的话语呵护每一个孩子

白天，除了听课，她最常做的是在教学区走走看看，每天都有上万步。“看孩子们上课时的状态怎样、写字姿势是否正确，琢磨怎么教导他们文明规范……”吴蓉瑾说，“每天都有太多值得关注的细节”。

3年前，吴蓉瑾被派遣流动到上海市郊的嘉定区卢湾一中心实验小学担任校长。“我们叫她‘铁人校长’”，嘉定区卢湾一中心实验小学教师谭珂告诉记者，吴蓉瑾不仅为学校设计了适合学生学习能力、满足个性发展需要的几十门校本课程，建立“每周一研”“三三制备课”等活动机制，提升教师专业水平，更将爱的暖流传递到学校的每一个角落。

下午6点多，送走放学的学生，吴蓉瑾还要与学校的信息化建设团队开会，办公室和会议室的灯光，总要亮到晚上10点。

卢湾一中心小学是国内率先提出并启建“云课堂”教学模式的中小学校之一。从2009年至今，学校的“云课堂”从1.0升级到了3.0版本。当年，吴蓉瑾曾探索将平板电脑引入课堂教学，引发各方关注；现在，学校又开发设计出“云课桌”“云展馆”等新应用场景。卢湾一中心小学成为首批上海市信息化标杆培育学校，吴蓉瑾也被大家称为“云朵校长”。

◆短评

将育人融入细节

江　晏

身处经济发达地区，学校位于繁华都市中心，吴蓉瑾这位来自上海的小学校长，为何令人格外敬佩？

真情与细节是关键词。

从一间间整洁又温馨的教室、一个个加了“软包装”的篮球架，到吴蓉瑾蹲下身子与孩子对视、拉好衣领系正红领巾的小动作……走进这所小学，可以看到吴蓉瑾把教育融入每一个细节，落实到师生日常生活的各个部分和学校环境的方寸角落。这绝非表面之功、一日可达，而需要用脑用心用情投入，脚踏实地、日复一日打磨实践。

小学教育的价值，原不在于学习高深专业的知识，而是要在人生的“拔节孕穗期”精心引导和栽培，帮助孩子们养成健康身心、完整人格，为他们系好人生第一粒扣子。

保持充沛的工作热情，坚持先进的教育理念，吴蓉瑾这样的校长与教师，多多益善。

《人民日报》2021 年 9 月 16 日

用爱的教育传递红色火种

◎ 孟歆迪

她扎根基础教育27年，组建小学生红色讲解员社团，16年来培养千名小讲解员童音讲党史；她倡导情感教育，探索研发情感教育课程，惠及学生近10万人次；她坚持推动将优质教育资源辐射到乡村学校，担任市郊乡村学校校长3年，将其办成家门口的好学校；她积极探索信息技术与教育教学深度融合，以数据驱动大规模因材施教。

吴蓉瑾，上海市黄浦区卢湾一中心小学校长、教师，全国教育系统先进工作者、全国三八红旗手。当你走近她，感受到的是她对教育事业的赤诚和热爱。

红色传承路上小不点们的“带队者”

9月15日，吴蓉瑾顶着细雨带着高矮不一的一队小学生走进中国共产党第一次全国代表大会纪念馆。一进门，孩子们轻车熟路地

“反过来”带着在场的大人们进行参观。普通话、上海话、英语轮番上阵，而吴蓉瑾就像普通听众一样认真地听着，走向下一个参观点位时，又会自然地与孩子们手牵着手。

吴蓉瑾所在的卢湾一中心小学坐落于上海市中心黄浦区，毗邻中共一大会址，有着独一无二的红色底蕴与丰厚的党史学习资源。

16 年前，吴蓉瑾发起成立了专门志愿服务中共一大会址纪念馆的全国第一个小学生讲解员社团——“红喇叭”小小讲解员社团，吹响了红色文化传播的“红喇叭”。她带领学生一同学习党的历史、讨论撰写讲解稿、磨炼讲解技巧，用互动学习、深度参与的方式，吸引小学生主动走进红色场馆，传承红色精神。如今，在吴蓉瑾的推动下，“中共一大纪念馆讲解”成为黄浦区卢湾一中心小学的一门必修课程，培养了千余名小讲解员，逐渐成了一支传播红色文化、传递红色火种的重要力量。

◎ 吴蓉瑾与“红喇叭”小讲解员们在一起

吴蓉瑾还在学校连续多年举办“红色一课”“中国人过中国节”“学雷锋学劳模”等专题课程和主题活动，推动爱国主义教育进课堂、进教材、进头脑。

探索构建情感教育体系的“云朵妈妈”

因为爱生如子，吴蓉瑾被学生们亲切地称为“云朵妈妈”。每个学生毕业时，吴蓉瑾都会赠送一张写有自己联系方式的卡片作为纪念，上面写着：“有困难找‘云朵妈妈’，任何烦恼都可以。”

吴蓉瑾的同事跟记者讲了这样一件事：吴蓉瑾酷爱喝咖啡，而且她有偏头疼，每天必须喝一杯浓咖啡镇定。有一天她却突然在朋友圈发出“戒咖啡的第一天打卡”。一问才知道，原来是有一个孩子病了，不爱吃饭，身体也受到了影响。她知道后跟孩子约定：“我最喜欢咖啡，我戒掉，你把你不想吃的东西多吃一口，咱俩一起努力。”从那之后她每天在朋友圈里打卡，让孩子知道自己在坚持，一坚持就是400天。最后，孩子说：“一段新生活即将开始，‘云朵妈妈’会和我一起走向更好的明天。”

吴蓉瑾认为，“离开健全人格和丰富情感的教育是不完整的。以情动人，用情育人，情感教育就是和孩子一起学会爱”。她推崇情感教育，努力推动培养学生正确的价值观，塑造青少年的完整人格，把学校建设成一个“充满爱的学校”。2004年起，吴蓉瑾和同事开始探索构建“以情育情”的情感教育体系，将情感教育融入德、智、体、美、劳各个方面，提高学生的沟通交流和情感表达能力。十几年来，吴蓉瑾和教学团队一起，筛选打磨数百节经典情感教育课，构成了包括 8 个板块、20 个专题的学校情感教育课程。

致力于让教育均衡发展的“铁人校长”

教育均衡发展是吴蓉瑾的教育梦想。将优质教育资源和创新实践成果辐射到薄弱地区、薄弱学校是她的一贯追求。她赶赴教育薄弱地区，为万名校长提供在线学习，为当地教师开展培训，青海、陕西、贵州等地的 250 多所学校学习和借鉴了卢湾一中心小学的教育教学模式。她牵头承担了上海市松江区、奉贤区两所市郊学校 8 年的委托管理任务以及四川省都江堰市天马山中心小学的重建和支援工作，受助学校教学质量进步明显，学生学业成绩均由区内、县内末端变为名列前茅。

作为特级校长，她受组织派遣流动到嘉定区卢湾一中心实验小学担任校长。学校刚开办时，只有 6 个教学班，整个校园空空荡荡的。而现在家长们都想着办法要把孩子送到卢一实小，还有不少人来打听，怎样可以到这里来读书。通过 3 年的努力，这所乡村学校真正办成了家门口的好学校。

为了推动教育公平和教育均衡发展，让每个学生受到同样关注，吴蓉瑾提倡课堂教学与信息化深度融合，并在全国率先提出“云课堂”这一教学模式。10 余年里，她带领师生投身“云课堂”的探索实践。她探索的智慧课堂，打破了传统“教室”概念，随时、随地、随需助力因材施教，教师可以通过信息系统，了解每个学生的课堂进度、学习习惯等，用数据读懂学生的成长规律，并以此为依据提

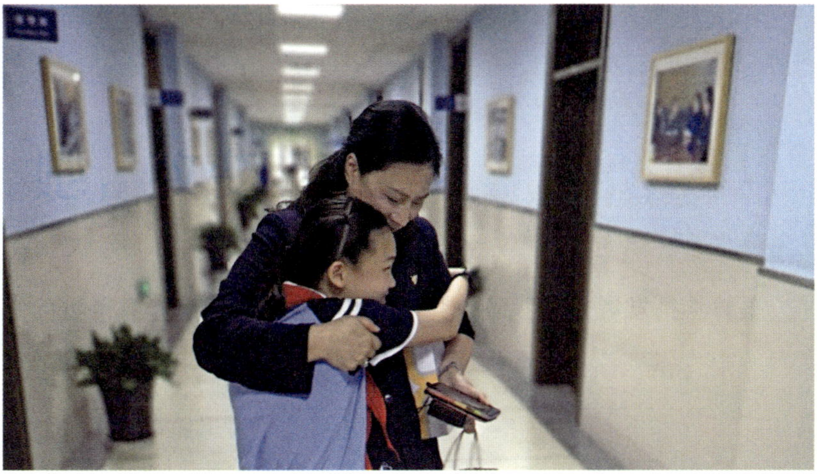

◎ 吴蓉瑾拥抱着自己的学生

供个性化指导。

在校的师生都知道，每天早上，吴蓉瑾都会站在校门口与孩子们打招呼，午休时间，吴蓉瑾要看孩子们吃饭，下午五六点，各个年级陆续放学后，她却还留在办公室。于是除了“云朵妈妈”外，她还多了个“铁人校长”的称号。

“我大概骨子里就是做老师的，我一走进学校就很兴奋。我很享受教学，很喜欢孩子，愿意把一天24小时都投入这份工作。”吴蓉瑾说。

《光明日报》2021年9月16日

从教 28 年，一言一行让“爱的学校”充满爱

◎王　星

2022 年 3 月 8 日是一年一度的三八国际妇女节。节日前夕，中央宣传部、全国妇联向全社会宣传发布了 2022 年“最美巾帼奋斗者”先进事迹。在此次评选出的 10 名“最美巾帼奋斗者”中，有一位正是“时代楷模”、上海市黄浦区卢湾一中心小学校长吴蓉瑾。

吴蓉瑾所在的小学，被很多人称为“爱的学校”。校园里，师生们彼此相依、互相帮助，在分享爱、传递爱的过程中共同成长。学校的很多老师都说，如此良好氛围的营造，和吴蓉瑾的亲身示范、推动有关。

2022 年三八妇女节前夕，黄浦区卢湾一中心小学的女教师们都收到一张半天的休假单。凭着这张休假单，女老师们可以在安排好课务的情况下休假半天。不仅如此，学校男工沙龙的男老师们还为女老师们准备了一份特别的惊喜：悄悄录制并剪辑了一首《这世界那么多人》的音乐短片，在今天清晨通过视频号推送给女同事们，

作为节日礼物。

领跑红色教育，小讲解员课程从课内覆盖到课后

“为什么红领巾是用烈士的鲜血染红的？”十几年前一位少先队员不经意间的提问，让刚踏上校长岗位不久的吴蓉瑾陷入沉思。

扎根基础教育 28 年，吴蓉瑾依托学校紧邻中共一大会址的地理优势，组建起全国首支小学生红色讲解员社团——“红喇叭”小小讲解员社团，17 年来培养了近千名小讲解员，用童音讲党史，使爱党爱国的校园文化蔚然成风。她用好身边最鲜活的课堂，为一批又一批的孩子打好红色底色，播下信仰的种子。

“我与吴校长共事多年，记得她刚进学校工作时，我俩在一个办公室。当时，作为中队辅导员的她，除了上课以外，她很喜欢带着孩子到处跑。孩子们的小队活动，她也特别喜欢参加。”黄浦区卢湾一中心小学“红喇叭”社团负责人陈丽丽老师记得，有一次，她们带着孩子去一大会址参观，孩子们很开心，但吴蓉瑾却皱起了眉。原来，她发现孩子们听讲解听得不太认真，因为讲解的内容听不太懂。

“其实当时这样的情形还挺常见，相比爱国主义教育基地等各类场馆，孩子们更喜欢去公园、去郊游。”让陈丽丽没想到的是，此后吴蓉瑾特地寻求了学校大队部的帮助，对各个年级的学生开展了一次小调查，对馆内的陈列、参观路线特别是讲解人员、讲解内容等都进行了调研，提出希望建立一支由少先队员组成的小讲解员队伍。

17 年前，卢湾一中心小学有了一支专门为中共一大会址纪念馆

提供志愿服务的全国第一个小学生讲解员社团——“红喇叭”小小讲解员社团。吴蓉瑾带着孩子们，和纪念馆的叔叔阿姨们一起讨论、磨稿，用儿童化的语言、生动形象的故事情节，将解说词变成了一个个精彩的小故事。

17 年来，千余位小讲解员的足迹已遍布周边的孙中山故居、周公馆、韬奋纪念馆等红色场馆。如今，“中共一大纪念馆讲解”已经成为卢湾一中心小学的一门必修课程，全校 1330 名学生不仅可以用普通话、沪语、英语等进行讲解，还能够通过立体书、绘本、信息化云剧场等开展讲解。哪怕是在“申时校园”这一课后服务时段，小讲解员们依旧兴致勃勃地打着快板勤学苦练。这些场景，让吴蓉瑾很是欣慰。

在中共一大纪念馆宣教部主任杨宇看来，吴蓉瑾不愧是当代红色教育的“领跑者”。在她的带领下，红色教育不再只是普通的“我说你听”，爱国主义教育不再是喊在嘴上、写在教案里的口号，而是孩子们可以参与、能够融入、愿意记住、终生难忘的行动。

分享爱传递爱，用情感教育筑造“爱的学校”

从教 28 年，吴蓉瑾送走了一届又一届学生。每个学生毕业时，她都会赠送一张写有自己联系方式的卡片作为纪念，上面写着“有困难找‘云朵妈妈’，任何烦恼都可以”。有了微信朋友圈之后，不少人注意到，只要吴蓉瑾人在学校，每天必然会在朋友圈发两张照片。一张是清晨“爱的学校”，一张是夜晚“爱的走廊”。

吴蓉瑾藏在照片背后的“暗语”是：只要“爱的走廊”还没出

现，说明她在学校，大家可以随时去学校找她。

多年来，除了在校和已毕业的学生、家长会来找吴蓉瑾，甚至很多其他学校的学生、家长也会慕名来到“爱的学校”，希望吴蓉瑾能够帮助他们解决难题，而她总是尽力施以援手。

“如果让我用一个词来形容她，那就是‘充满情感’。”说这话的，是吴蓉瑾的徒弟、黄浦区卢湾一中心小学贺春秋老师。

和吴蓉瑾共事10多年，贺春秋不仅在师父的带领下筛选打磨了数百节经典情感教育课，也和其他老师一样，早已习惯了用每周一节15至20分钟的情感教育专题课为孩子们解决情绪困扰，提供情感表达的机会，引导孩子爱自己、爱他人，拥有家国情怀。

在2021年的“时代楷模”先进事迹报告会上，吴蓉瑾回忆了自己成长中的几个细节：6岁上小学时，每天放学她都是最晚被接走的那个孩子，那时没有晚托班，但启蒙老师陈佩玉每天都会留下来陪着她到最后；16岁在师专学习，张晓春老师每次都会在她的周记本上洋洋洒洒写上一大段评语，鼓励她的成长和进步；26岁在学校工作，老校长程华手把手地教会她如何在工作中注重细节，并留下了情感教育的“宝藏”。

正是恩师们的一言一行，让吴蓉瑾从小坚定了做老师的初心，这份初心始终激励着她，保持着对“爱的事业”炽烈而悠长的情感，把爱全身心地放在孩子们身上。

《文汇报》2022年3月8日

2022最美巾帼奋斗者

视频·链接

建功新时代的巾帼力量

——记 2022 年“最美巾帼奋斗者”

◎周 玮 史竞男 齐 琪

在实现中华民族伟大复兴的新征程上，她们巾帼不让须眉，发扬担当和斗争精神，以实际行动践行初心使命，用“干一行爱一行”的执着，成就“钻一行精一行”的精彩——布茹玛汗·毛勒朵等 10 位全国三八红旗手标兵光荣入选 2022 年“最美巾帼奋斗者”。她们的先进事迹彰显建功新时代的巾帼力量，勾勒奋斗女性的最美剪影。

热爱祖国　对党忠诚

守护边疆，播撒爱国种子——

在地处我国西部边陲的新疆乌恰县吉根乡，护边员布茹玛汗·毛勒朵用双脚丈量祖国的边境线。数十年来，她亲手在帕米尔高原刻下 10 多万块“中国石”。

如今，布茹玛汗的儿女们也成为护边员。“我们全家用脚步丈量祖国神圣领土的决心不停，巡边护边的信念不改，心系祖国的爱国之情不变。”布茹玛汗说。

赤诚报国，心系人民健康福祉——

“因为我是中国人，祖国是我的根，我绝不能忘本……”每当被问到为什么选择回国，李桓英总是这样坚定地回答。

20世纪50年代，她谢绝世界卫生组织挽留回到祖国，将国外先进治疗方法与中国实际相结合，使疯狂肆虐数千年的麻风病可控、可治。2016年，李桓英荣获首届“中国麻风病防治终身成就奖”。同年，95岁高龄的李桓英递交了入党申请书。

传承红色家风，赓续红色血脉——

甘公荣是“将军农民”甘祖昌和全国道德模范龚全珍的三女儿。几十年来，她时刻谨记父辈“一心为公，恪尽职守”的嘱托，用实际行动传承红色家风。

她热衷扶贫帮困，先后成立龚全珍工作室和龚全珍爱心救助基金会，募集资金帮助贫困学生和困难群众；她传承红色基因，为全国各地的党员干部授课，讲述父辈艰苦奋斗的故事……

立德树人，为党育人、为国育才——

家长口中的“秒回校长”，同行眼中的“种子校长”……每一个亲切的称呼，都如同一枚闪亮的勋章，映照出上海市黄浦区卢湾一中心小学校长吴蓉瑾的育人初心。

她创建全国首个小学生讲解员社团，以情育人促进品德养成，她利用信息技术与教育教学的深度融合，主张因材施教呵护学生成长……吴蓉瑾积极探索新时代教育教学方法，被称为“新时代‘四有’好老师的典范”。

攻坚克难　创新突破

时代召唤巾帼，奋斗成就梦想。

“科研是长期的艰苦奋斗，不是一时的光环、激情与承诺。”对此，浙江大学医学院教授胡海岚深有体会。

2008 年，在国外拥有独立实验室的胡海岚回到祖国，扛起我国系统神经科学领域的大旗。

揭示个体参与社会竞争及“胜利者效应”的神经调控机制、创新单细胞活性双标记技术……胡海岚的付出，让中国在该领域取得了一系列领先世界的研究成果。

她们的身影在科学征程上砥砺前行，唱出新时代中国女性的铿锵之歌。

2019 年，第三十四届国际超级计算大会在德国法兰克福举行，国家超级计算广州中心主任卢宇彤担任大会主席。

五代银河、两代天河超算系统研制骨干，代表团队六次站上世界超算最高领奖台……卢宇彤的成绩单，向世界展示着中国的高精尖成果，更展示着中国女科学家的风采和担当。

“核心技术的自主可控是国家战略，也是我们一直在努力的目标。”卢宇彤曾说。

大国重器、尖端科技，她们为科技强国贡献力量。

作为军队高层次科技创新人才工程科技领军人才培养对象、“泰山学者”特聘教授，关欣投身国防事业 20 余年。

她的科研成果，为国防教育、舰载航空兵战斗力生成和海军信息对抗装备转型作出了突出贡献，为我军在海战场装上了先机制敌的“千里眼”和“顺风耳”。

扎根基层　艰苦奋斗

“到祖国最艰苦最需要的地方去！”

秉持这样的信念，北京姑娘路生梅，扎根陕西省榆林市佳县人民医院，一干就是50多年。

为了让山沟沟里的老乡们及时看上病，她白天接诊、晚上点着油灯自学，迅速成长为全科医生；她多次放弃返京机会，为落后的小县城建起第一个正规儿科；她给患者开几毛几分钱的小药，巡诊走遍小镇乡村；她自愿“超期服役”，退休后拒绝高薪聘请，义务接诊患者超15万人次；面对疫情，年逾古稀的她写下请战书，递交1万元特殊党费……

路生梅说，毕生坚守只为兑现誓言，“祖国哪里需要我，我就到哪里去”。

群众心中，感念着她们的无私奉献；脱贫路上，活跃着她们的奋斗身影。

杨宁，这个85后大学生村官，放弃大城市就业机会，回到家乡带领乡亲们拔掉穷根。

作为广西柳州融水苗族自治县安陲乡江门村党总支书记、村委会主任，她的扶贫之路充满艰辛，却从未被困难挡住脚步——悄悄卖掉婚房垫付种子肥料资金，创新“稻＋鸭＋鱼”共作模式种植紫黑香糯，建设扶贫加工车间，成立“苗村馆”电商服务中心……依托原生态资源优势，走产业发展道路，江门村旧貌换新颜。

“发展产业关键要‘接地气’。”兰州鑫源现代农业科技开发有限公司董事长尹建敏，带领企业积极助力脱贫攻坚和乡村振兴。

从实施产业扶贫计划，建设现代农业科技示范园和生态循环农业产业园，到成立田间学校，帮助农户变身技术能手；从带动开展规模化养殖、种植，帮助妇女在家门口就业，到助力乡村振兴，打造产业交叉融合的“现代农业第六产业园”……精准对接，深耕基层，她帮助农民走上致富路。

“我们会以更强烈的社会责任感，与群众共享发展成果。”尹建敏说。

新华社北京 2022 年 3 月 6 日电

《闪亮的名字——2022 最美巾帼奋斗者发布仪式》，中央广播电视总台，2022 年 3 月 7 日